D1752317

NHK きょうの料理

手早くできる朝ご飯

新・ポケットシリーズ
30

NHK出版編

この本の使い方

本書の表記の基準

■ 計量カップ／計量スプーン
　計量カップは200cc入り、計量スプーンは大さじは15cc入り、小さじは5cc入りです。いずれもすりきりではかります。

■ しょうゆ
　特にことわりのない場合は、濃口しょうゆのこと。薄い色に仕上げたいときは、薄口しょうゆにしますが、薄口しょうゆは塩分が濃口しょうゆより約2％ほど強いので、加減して使いましょう。

■ みそ
　特にことわりのない場合は、好みのみそにします。みそは塩分がいろいろですので、加減して使ってください。

■ 小麦粉
　特にことわりのない場合は薄力粉です。

■ しょうが1かけ
　15gほどの親指大のひねしょうがのことです。

■ にんにく1かけ
　3〜5gのものをさします。

■ だし
　特にことわりのない場合は、削りがつおと昆布でとったものです。市販のだしの素を表示の分量の水で溶いたものでも結構です。

■ スープ
　特にことわりのない場合は、鶏ガラでとったスープのことです。市販のスープの素を表示の分量の水で溶いたものでも結構です。

栄養計算について

各料理に記すエネルギー等は目安量で、ことわり書きのないものは、すべて1人前です。つくり方文中に表示の分量で計算してあります。ただし、調味料は実際に食べる分のみ計算に入れてあります。また、余分な油脂を捨てたり、塩をサッと洗ったりしたときは、計算から省きました。

- この本は、「NHKきょうの料理」の放送に基づいて新たに編集されたものです。放送用テキストではありません。
- 〈日本複写権センター委託出版物〉
　本書の無断複写（コピー）は、著作権法上の例外を除き、著作権侵害となります。

Printed in Japan ©1994　日本放送出版協会

目次

㉚ 手早くできる朝ご飯

朝食献立

ご飯で
- かまぼこ入り卵焼き献立 …… 4
- 干物のサワーゆで献立 …… 8
- じゃことグリンピースの煮物献立 …… 10
- 鶏ささ身の梅あえ献立 …… 12
- わかめと豆腐のごま汁献立 …… 14
- たらことごまのおにぎり献立 …… 16
- 梅じゃこご飯献立 …… 18
- 干物のおろしあえ献立 …… 20
- 厚揚げのしょうが焼き献立 …… 22

もう一品ほしいときに
- ホットサラダ …… 25
- 実だくさんのクリーム雑炊献立 …… 26

パンで
- ゆでキャベツの和風ドレッシング献立 …… 28
- キャベツとベーコンのスープ献立 …… 30
- 生野菜ジュースのいろいろ …… 30
- ほうれんそう＋グレープフルーツジュース／ピーマン＋トマトジュース／セロリ＋パセリ＋オレンジジュース
- そば粉クレープ献立 …… 32
- パンのパンケーキ献立 …… 34
- バターロールサンド献立 …… 36
- ソーセージ入りオムレツ献立 …… 38
- パンにはさむ具のバリエーション …… 41
- ベーコンポテトサンド／にんじんのきんぴらサンド
- ツナじゃがトースト献立 …… 42

ブランチ献立
- 厚揚げステーキ献立 …… 44
- ケイジャリー献立 …… 48
- はちみつ入り卵焼き献立 …… 50
- 白がゆ献立 …… 54
- 五目チャーハン献立 …… 56
- アンチョビトースト献立 …… 58
- パンプディング献立 …… 60

㉚ 手早くできる朝ご飯

エスニックそうめん献立……62
お好みうどん献立……64
冷たいパスタ献立……66

おかずカタログ

元気のでる主菜

鶏肉のみそだれ焼き……68
鶏肉のさんしょう風味焼き……69
ソーセージとセロリのいためサラダ……70
牛肉のセロリ巻き……71
かじきまぐろのマヨネーズ焼き……72
さわらの焼きびたし……73
蒸し帆立て貝の甘辛いため……74
じゃことトマトのオムレツ……75
納豆とひき肉のオムレツ……76
温泉卵……78
ポパイエッグ……79
豆腐入り卵焼き……80

長芋入り梅納豆……81
野菜たっぷりの副菜
ふきと油揚げの当座煮……82
和風ラタトゥイユ……83
きのこのソテー5種……84
まつたけのソテー／生しいたけのソテー／えのきだけのソテー／マッシュルームのソテー／しめじのソテー
さやいんげんのじかいため……86
高菜漬けとわかめのいため物……87
温野菜サラダ……88
長芋サラダ……90
トマトときゅうりの和風サラダ……91
クレソンとアルファルファのサラダ……92
コールスロー……93
ミニトマトのからしみそあえ……94
ゆでなすの酢みそあえ……95
じゃがいもとさやいんげんの粒マスタードあえ……96
ほうれんそうの納豆あえ……97

目次

- にらのしょうがみそあえ……98
- セロリとしらすの香りあえ……99
- マッシュルームのマリネ……100
- セロリのはちみつレモン漬け……101
- あると便利な常備菜
- 鶏レバーとこんにゃくの煮物……102
- 牛肉のしぐれ煮……103
- 合いびき肉と豆のカレー煮……104
- 鶏ひき肉と昆布の実ざんしょう風味煮……105
- そぼろ3種……106
  - かつおそぼろ／しいたけそぼろ／鶏そぼろ
- さけのだし割りしょうゆ漬け……108
- かつおの角煮……109
- えびのカレーボイル……110
- 身欠きにしん煮……111
- ひじきの煮物……112
- たけのこのつくだ煮風……113
- たらこのふりかけ……114
- じゃこのふりかけ……115
- セロリの葉のふりかけ……116
- 切り干し大根の酢漬け……117
- 簡単ピクルス3種……118
  - 大根とにんじんの甘酢漬け／キャベツのサラダ漬け／セロリとたまねぎのカレー漬け
- 朝食に向く簡単汁物
- キャベツと油揚げのみそ汁……120
- みそ汁の実のバリエーション……121
  - もやしと揚げ玉／豚肉とほうれんそう／かぶと油揚げ
- きゅうりと卵のスープ……122
- 豆腐とチンゲンサイのスープ……123
- トマト風味のスープ……124
- ヨーグルト風味のスープ……125
- 索引……126

朝食献立

朝食は、一日のスタートに欠かせない大切なエネルギー源。外食で偏りがちな栄養のバランスを整えて、体をリフレッシュしましょう。たんぱく質とミネラル豊富な乳製品、野菜を上手に組み合わせた、メニューづくりを。

大根と油揚げの
サッといため

かまぼこ入り卵焼き

えのきだけとわかめの
みそ汁

ご飯で

かまぼこ入り卵焼き献立

みんな大好きな、卵、かまぼこ、さけなどを使った、ローカロリーでヘルシーな朝食です。

紅ざけのおろしあえ

ご飯で

材料〈4人前〉

かまぼこ入り卵焼き
- 卵 …………………… 4コ
- { だ し …………… 大さじ3
-   薄口しょうゆ …… 小さじ1
-   みりん・塩 ……… 各少々 }
- かまぼこ(1cm角10cm長さ) ………………… 2本
- 貝割れ菜 ………………… ¼パック

紅ざけのおろしあえ
- 紅ざけ ………………… 1切れ
- 大根おろし‥カップ1(300g)
- あさつき(小口切り) 2〜3本

大根と油揚げのサッといため
- 大 根 …………………… 300g
- 油揚げ …………………… 1枚
- さやいんげん …………… 30g
- { だ し ………… カップ½
-   しょうゆ …… 大さじ1½
-   砂 糖 ………… 〃 ⅔
-   みりん ……………… 少々 }

えのきだけとわかめのみそ汁
- えのきだけ ……………… 1袋
- わかめ(戻して) ………… 30g
- だ し ………………… カップ4
- み そ ………………… 55〜60g
- ご 飯 ……… 茶碗4杯分
- ●サラダ油
- ●しょうゆ

458 kcal

かまぼこ入り卵焼き

① 卵は割りほぐし、カッコ内の材料を加えて混ぜ、2等分する。

② 貝割れ菜は根元を切る。

③ 卵焼き器を熱し、サラダ油を薄くひいて、①の半量のうちの少量を流し、半熟状になったらかまぼこを横に置いて、向こう側からかまぼこを芯にして手前に巻く。あいたところに油をひき、再び①の少量を流して、厚焼き卵の要領で焼く。残りの半量も同様にして焼き、2本つくる。

④ ③を2〜3cm幅に切り、切り口を上にして盛り、②を添える。

紅ざけのおろしあえ

① 紅ざけは焼き網で焼き、皮と骨を除いて粗くほぐす。

② 大根おろしは軽く水けをきり、①をあえて器に盛り、あさつきの小口切りを散らし、食べるときにしょうゆ少々をかける。

メモ 食べる直前にあえること。

大根と油揚げのサッといため

1. 大根は4〜5cm長さのやや細めの拍子木切りにする。
2. 油揚げは縦半分に切って横から細切りにし、さやいんげんは筋を取ってゆで、4〜5cm長さに切る。
3. なべにサラダ油大さじ1を熱し、①を入れてじゅうぶんにいため、カッコ内の材料を加えて煮立て、②を加えて汁けがほとんどなくなるまで中火以下の火加減で煮含める。
4. 器に盛り、好みで一味とうがらしをふる。

メモ 彩りの緑色の野菜は、さやえんどうでも、ゆでた小松菜やほうれんそうなどでもよい。

えのきだけとわかめのみそ汁

1. えのきだけは根元の部分を切り落とし、さらに半分の長さに切る。
2. わかめは一口大に切る。
3. なべにだしと①を入れて3〜4分間煮る。みそを溶き入れ、②を加えてサッと煮る。

メモ 煮返すと風味が落ちるので、食べる直前につくること。えのきだけの代わりに生しいたけの薄切りでもおいしい。

(田口)

ご飯で

材料〈4人前〉
干物のサワーゆで
さばの文化干し……2〜3枚
（生干しのもの）
ししとうがらし…………8本
レモン（くし形切り）……½コ
かぼちゃと油揚げのみそ汁
かぼちゃ（冷凍）………4切れ
油揚げ※……………………1枚
だ　し……………カップ3½
み　そ…………約大さじ2
麦ご飯
米………………カップ2
押し麦………………　〃 ½
●酢

※油揚げは冷凍保存しておくと便利な素材。1枚ずつラップフィルムで包んで冷凍しておくとよい。

488 kcal

干物のサワーゆで

❶ さばは大きいものなら3つに、小さめのものなら2つに切る。

❷ なべに湯を沸かし、まず、ししとうがらしを入れ、約2分間ゆでて取り出す。

❸ ②の熱湯に酢カップ½を加え、グラグラに沸騰させて①を入れ、初めはふたをして1〜2分間ゆで、あとはふたを取って身の色が白っぽくなるまでゆでて中まで火を通す。

❹ ③の水けをきって器に盛り、②のししとうがらしとレモンのくし形切りを添え、熱いうちにレモンを絞りかけるか酢少々をふる。

メモ　大根おろしやしょうがじょうゆを添えてもよい。塩ざけをゆでてもおいしい。その場合は酢を加えなくてもよい。

かぼちゃと油揚げのみそ汁

❶ 油揚げは一口大に切る。凍らせたものを使う場合は一口大にちぎる。

❷ なべにだしを入れて煮立て、フツフツと沸いてきたらかぼちゃを凍ったまま入れ、かぼちゃが柔らかくなったら①を入れ、すぐみそを溶き入れ、再び煮立ってきたら火を止め、椀（わん）に盛る。

メモ　みそは塩分がいろいろなので、必ず、味をみながら加えること。

麦ご飯

米は前夜のうちに洗っておき、押し麦を加えて普通に水加減して炊く。

（小林）

干物の
サワーゆで

かぼちゃと油揚げの
みそ汁

麦ご飯

干物のサワーゆで献立
● ● ●
朝食の定番素材の干物もちょっとしたアイデアで
新メニューに変身。消化のよい麦ご飯に添えてどうぞ。

ご飯で

じゃことグリンピースの煮物献立

ちりめんじゃこのうまみと塩分を利用した、簡単煮物がうれしい。栄養バランスのとれた、薄味仕立ての献立です。

じゃことグリンピースの煮物

① なべにグリンピースとちりめんじゃこを入れ、熱湯をヒタヒタに注ぎ入れる。

② ①を火にかけて煮立て、煮立ってから2分間煮て、かたくり粉少々を指でつまんで、上からパラパラと散らし、全体を混ぜてとろみをつけ、火を止める。

③ 汁ごとたっぷり器に盛る。

卵とレタスのみそ汁

① レタスは食べやすい大きさにちぎる。

② なべにだしを入れて煮立て、小さい器に卵を1コずつ割り入れてから、静かに1コずつ落とし入れる。

③ ②の卵に、だしをすくって

メモ ちりめんじゃこから、ほどよい塩味とおいしいだしが出るので、塩もだしも不要。グリンピースは冷凍品を常備しておくと、必要量だけを手軽に使えて便利。

材料〈4人前〉

じゃことグリンピースの煮物
ちりめんじゃこ……カップ½
グリンピース‥ 〃 2〜2½
　（実のみ。冷凍でもよい）

卵とレタスのみそ汁
卵………………………4コ
レタス…………………4枚
だ　し…………カップ3½
み　そ………大さじ2〜3

ご　飯………茶碗4杯分
焼きのり………………適量
●かたくり粉　●しょうゆ

401 kcal

じゃことグリンピースの煮物

時々かけ、卵が周囲からきれいに固まるようにしながら3分間ぐらい煮る。

❹ ③にみそを溶き入れ、①を加えてすぐ火を止める。

メモ レタスは外側の堅い葉や芯の部分など、サラダに使った残り物でよい。また、レタスの代わりにキャベツを用い、サッと煮てもおいしい。

焼きのりは、普通ののりを中裏に2枚重ねてサッとあぶり、8等分に切って使ってもよいし、市販の味つけのりでもよい。好みで、しょうゆ少々をつけて食べる。

（小林）

ご飯で

材料〈2人前〉

鶏ささ身の梅あえ
- 鶏ささ身 ……………… 3本
- 梅干し ……………（大）1コ
- みつば ……………… 40g

豆腐のみそ汁
- 豆腐(木綿) …………… ¼丁
- 細ねぎ ………………… 1本
- だ し …………カップ2弱
- み そ …………大さじ1½

しらすおろし
- しらす干し …………… 30g
- 大根おろし …………… 150g
- 酢 ……………小さじ½
- しょうゆ ………… 〃 ⅔

- ご 飯 ………… 茶碗2杯分
- ●塩・酒・みりん・しょうゆ

328 kcal

鶏ささ身の梅あえ

❶ 鶏ささ身は筋を取り、皿に並べて塩少々、酒小さじ1をふり、蒸気の立っている蒸し器に入れ、7〜8分間蒸す。

❷ ①の荒熱をとり、細かく裂く。

❸ みつばは熱湯でサッとゆで、3〜4cm長さに切る。

❹ 梅干しは種を除いてたたきつぶし(または裏ごしする)、みりん小さじ½、しょうゆ少々を加えて溶きのばす。

❺ ②と③を④であえ、器に盛る。

メモ 鶏ささ身は火を通しすぎると堅くなってうまみが逃げるので、7〜8分間で火を止めること。

豆腐のみそ汁

❶ 豆腐は1cm角に切る。細ねぎは小口切りにする。

❷ なべにだしを入れて煮立て、豆腐を入れ、浮き上がってきたらみそを溶き入れ、器に盛って細ねぎを散らす。

しらすおろし

大根おろしにしらす干しをのせ、カッコ内の調味料をかける。（高城）

しらすおろし

豆腐のみそ汁

鶏ささ身の梅あえ

鶏ささ身の梅あえ献立
●●●
低カロリーで、胃にやさしい材料だけでつくった
朝ご飯。二日酔いの朝などにぴったりです。

ご飯で

わかめと豆腐のごま汁献立

541 kcal

実だくさんのみそ汁をおかず代わりに仕立てた省エネの朝ご飯。パン食にもなじむ味です。

材料〈4人前〉

わかめと豆腐のごま汁
- わかめ（乾）……………適量
- 豆腐（絹ごし）……………½丁
- 小松菜……………½ワ
- ゆでたけのこ………（小）1本
- だし……………カップ4
- みそ……………大さじ4
- 練りごま……………〃 4

即席明太ご飯
- 米……………カップ2
- ｛ だし……………カップ3
- 　 薄口しょうゆ……小さじ2
- 　 酒……………大さじ1
- からし明太子……………1腹
- さけ（甘塩）……………1切れ
- あさつき（小口切り）……少々

ピーマンとさつま揚げのめんつゆ煮
- ピーマン……………4コ
- さつま揚げ……………2枚
- ｛ めんつゆ（市販）…カップ¼
- 　 水……………〃 ¼
- いりごま（白）……………少々

漬物（好みのもの）………適量

わかめと豆腐のごま汁

① わかめは水で柔らかく戻し、筋を取ってザク切りにする。

② 小松菜は熱湯でサッとゆで、水に取って水けをきり、3cm長さに切る。

③ たけのこは縦2等分し、さらに薄切りにする。

④ なべにだしを入れて温め、弱火にしてみそと練りごまを溶かし入れる。煮立つ直前に①、②、豆腐をくずし入れてサッと煮る。

即席明太ご飯

① 米をといで水きりし、大きめの耐熱性のボウルに入れ、カッコ内の材料を加えてラップフィルムで覆い、電子レンジ（500W）に約14分間かける。

② ①を取り出してサックリ混ぜ、からし明太子とさけを入れて再びラップフィルムで覆い、電子レンジに4分間かける。

③ ②を取り出し、熱いうちに明太子の薄皮やさけの皮と骨を除いてほぐし、全体を混ぜる。この時点で水っぽいようなら、再度電子レンジにかけてパラリとさせる。器に盛り、あさつきの小口切りを散らす。

ピーマンとさつま揚げのめんつゆ煮

① ピーマンは1cm幅の細切り、さつま揚げは薄切りにする。

② なべにカッコ内の材料を入れて煮立て、①を加えてサッと煮る。器に盛り、いりごまをふる。

（栗原）

14

ピーマンとさつま揚げの
めんつゆ煮

即席
明太ご飯

わかめと豆腐のごま汁

たらことごまの
おにぎり

厚揚げとさやえんどうの
おかか煮

ほうれんそうと卵のあえ物

しじみの赤だし

たらことごまのおにぎり献立

小さめのおにぎりにすると、食欲のない朝でも
つい手がのびるもの。具は好みのものでどうぞ。

718 kcal

材料〈4人前〉

たらことごまのおにぎり
- ご飯………………640g
- たらこ………………1腹
- さけ（甘塩）………½切れ
- 梅干し………………2コ
- 青のり粉……………少々
- いりごま（白・黒）各大さじ2

厚揚げとさやえんどうのおかか煮
- 厚揚げ………………2枚
- さやえんどう………40g
- 削りがつお…………5g
- だし………カップ1½
- 砂糖………大さじ1⅓
- しょうゆ……〃 2
- みりん………〃 1

ほうれんそうと卵のあえ物
- ほうれんそう………150g
- 卵……………………2コ
- だし………大さじ2
- しょうゆ……〃 ⅔〜1

しじみの赤だし
- しじみ………………200g
- 昆布…………………5cm
- 赤みそ………………55g
- ねぎ（小口切り）……4cm

- 漬物※………………適量
- ●塩・酒 ●サラダ油

※たくあん50gをサッと洗ってせん切りにし、きゅうり1本を斜め薄切りにしてからせん切りにして合わせ、塩ひとつまみをふって軽くもみ、水けを絞る。

たらことごまのおにぎり

① たらことさけは焼き網で焼き、皮や骨を除いて身をほぐす。
② 梅干しは種を除き、小さめにちぎる。
③ ご飯を8等分し、半分は②を中に入れて平たい円形ににぎり、①のたらこを周りにつけて、青のり粉をふる。
④ ご飯の残りの半分は、①のさけを中に入れて三角形ににぎり、薄く塩をしてごまをまぶす。

厚揚げとさやえんどうのおかか煮

① 厚揚げは熱湯をかけて油抜きし、2〜3cm角に切る。
② さやえんどうは筋を取ってゆで、斜め半分に切る。
③ なべにカッコ内のだしと①いり卵をつくり、冷ます。
③ カッコ内の材料で、①、②をあえ、器に盛る。
④ ③に②を加えてサッと煮、削りがつおを加えて混ぜる。器に盛り、②を添える。

ほうれんそうと卵のあえ物

① ほうれんそうは熱湯でサッとゆで、水に取って水けを絞り、4〜5cm長さに切る。
② 卵は割りほぐし、フライパンにサラダ油大さじ1を熱していり卵をつくり、冷ます。
③ カッコ内の材料で、①、②をあえ、器に盛る。

しじみの赤だし

① しじみは殻をこすり合わせてよく洗い、なべに入れ、水カップ4と昆布を加えて火にかける。沸騰直前に昆布を取り出し、アクを除いて酒大さじ1とみそを溶き入れ、ねぎを加えて火を止め、椀に盛る。

（田口）

ご飯で

干物のおろしあえ献立

朝食メニューのおなじみ素材を一工夫。
ごまや香味野菜で風味よく仕上げます。

392 kcal

材料〈4人前〉

干物のおろしあえ
- あじの干物……………2枚
- 大根おろし……………200g
- レモン汁………………適量

納豆あえ
- 納　豆…………………100g
- 刻みねぎ………………大さじ4
- いりごま(白)…………小さじ2
- 削りがつお……………大さじ2
- 練りがらし……………小さじ1

たけのことわかめのみそ汁
- ゆでたけのこ…………100g
- わかめ(乾)……………10g
- だ　し…………………カップ4
- み　そ…………………70g

かぶの浅漬け
- か　ぶ…………………4コ
- かぶの葉………………4株
- 昆　布…………………少々

- ご　飯…………茶碗4杯分
- ●しょうゆ・塩

（写真キャプション）たけのことわかめのみそ汁

干物のおろしあえ
❶ あじの干物は焼き網で両面を焼き、骨を除いて身をほぐす。
❷ 大根おろしの水けを軽くきり、①をあえて器に盛り、レモン汁をかける。

メモ　かますの干物でもよい。

納豆あえ
❶ 納豆はよくかき混ぜて粘りを出し、刻みねぎ、いりごま、削りがつお、練りがらしを加えてよく混ぜ、器に盛る。
❷ ①にしょうゆ少々を混ぜる。

たけのことわかめのみそ汁
❶ ゆでたけのこは食べやすく切る(堅い部分は薄く切ること)。
❷ わかめはヒタヒタの水につ

納豆あえ

かぶの浅漬け

干物のおろしあえ

けて戻し、堅い部分を除いて3〜4cm長さに切る。
❸ なべにだしと①を入れて煮立て、みそを溶き入れて②を加え、一煮立ちさせて椀に盛る。
メモ みそは塩辛すぎるといけないので、控えめに加えること。

かぶの浅漬け
❶ かぶは薄い輪切りにする。かぶの葉はサッと熱湯に通し、水けをきって冷まし、3cm長さに切る。
❷ 昆布はせん切りにする。
❸ ①にその重さの2％の塩をふり、②といっしょに軽いおもしをして一晩つける。
❹ 翌朝、③をふきんに包み、堅く絞って盛り合わせる。
メモ 前夜、食事の後片づけの後、つけておくとよい。(本谷)

ご飯で

材料〈4人前〉

梅じゃこご飯
- 米‥‥‥‥‥‥‥‥‥カップ3
- 梅干し‥‥‥‥‥‥‥‥1〜2コ
- ちりめんじゃこ‥‥‥‥‥‥40g
- 昆布(10cm長さのもの)‥‥2枚
- いりごま(白)‥‥‥‥‥‥適量

なす、ピーマン、厚揚げのごまみそいため
- なす‥‥‥‥‥‥‥‥‥‥2コ
- ピーマン‥‥‥‥‥‥‥‥2コ
- 厚揚げ‥‥‥‥‥‥‥‥‥1枚
- だし‥‥‥‥‥‥‥カップ½
- しょうゆ‥‥‥‥‥‥大さじ1
- 砂糖‥‥‥‥‥‥‥‥〃1
- 酒‥‥‥‥‥‥‥‥‥〃1
- すりごま(白)‥‥‥‥〃1
- みそ‥‥‥‥‥‥‥‥〃1

豚しゃぶスープ
- 豚薄切り肉(しゃぶしゃぶ用)‥‥‥‥‥‥‥‥‥‥‥100g
- ねぎ‥‥‥‥‥‥‥‥‥‥½本
- しょうが‥‥‥‥‥‥‥1かけ
- だし‥‥‥‥‥‥‥‥カップ3

● サラダ油
● 酒・しょうゆ・塩

梅じゃこご飯

❶ 米は炊く30分以上前に洗い、ざるに上げて水けをきっておく。これを普通に水加減し、昆布をぬれぶきんでふいて入れ、梅干し、ちりめんじゃこ、酒大さじ3を加えて炊く。

❷ 炊き上がったら昆布を取り出して細切りにし、梅干しは種を取ってほぐし、両方ともご飯にサッと混ぜていりごまをふる。

なす、ピーマン、厚揚げのごまみそいため

❶ なすはヘタを取り、乱切りにして水に放し、水けをきる。

❷ ピーマンはヘタと種を取り、乱切りにする。厚揚げは熱湯に通し、縦半分に切って1cm幅に切る。

❸ なべにサラダ油大さじ1を熱し、①をいため、少ししんなりしたら、②を加えていため合わせる。

❹ ③にカッコ内のだし、しょうゆ、砂糖、酒を加える。なすと厚揚げが煮えてきたらすりごまとみそを加え、煮汁で溶きのばして全体に味をからめ、器に盛る。

豚しゃぶスープ

❶ 豚肉は一口大に切る。ねぎは5cm長さに切って芯(しん)を取り、せん切りにして水にさらし、白髪ねぎにする。しょうがも皮をむいてせん切りにし、水にさらして水けをきる。

❷ なべにだしを入れて煮立て、①の豚肉を1枚ずつ加える。アクが出てきたらていねいに取り、酒、しょうゆ、塩各少々を加えて味を調える。

❸ ②に①の白髪ねぎとしょうがを加え、すぐ火を止めて器に注ぐ。

(藤野)

梅じゃこご飯

豚しゃぶスープ

なす、ピーマン、厚揚げの
ごまみそいため

梅じゃこご飯献立

● ● ●

さっぱりとした味わいのご飯に、コクのある
いため物とスープを添えた、若者向けの献立。

635
kcal

さやいんげんとにんじんの
たらこいため

ご飯で
厚揚げのしょうが焼き献立

フライパンひとつで2〜3品のおかずがつくれる献立。まず、厚揚げを焼いて、次に野菜をいためます。

即席のり吸い

厚揚げの
しょうが焼き

ご飯で

厚揚げのしょうが焼き

❶ 厚揚げは水けをふき、1枚を6つの角切りにする。

❷ しょうがは皮をむいてすりおろし、貝割れ菜は根元を切り落とす。

❸ フライパンにサラダ油少々を熱し、①を並べ入れて両面をこんがりと焼く。②のしょうがの半量とカッコ内の材料を入れて手早く味をからめ、器に盛って残りのしょうがを散らしてのせ、②の貝割れ菜を添える。

さやいんげんとにんじんのたらこいため

❶ さやいんげんは筋を取って半分に切る。にんじんは皮をむき、やや厚めの短冊切りにする。

❷ たらこは薄皮を除いてほぐす。

❸ フライパンにサラダ油大さじ2を熱し、①をいためる。さやいんげんに火が通ったら②と酒大さじ1を

材料〈4人前〉
厚揚げのしょうが焼き
厚揚げ……………………2枚
しょうが…………(大)1かけ
┌酒……………………大さじ2½
┤みりん……………… 〃 ½
└しょうゆ…… 〃 2½〜3
貝割れ菜……………1パック
さやいんげんとにんじんのたらこいため
さやいんげん……………200g
にんじん…………………½本
たらこ……………………1腹
七味とうがらし……………少々
即席のり吸い
の　り……………………1枚
ね　ぎ……………………5cm
梅干し(種を抜く)………4コ
ご　飯…………茶碗4杯分
●サラダ油
●酒

227 kcal

(ご飯を除く)

24

即席のり吸い

のりはサッとあぶって大まかにちぎり、ねぎは小口切りにする。これらを梅干しとともに椀(わん)等分に入れ、熱湯を注ぐ。

加えてからめ、七味とうがらしをふって仕上げる。

(有元)

●もう一品ほしいときに●

ホットサラダ
98kcal

材料〈4人前〉 ズッキーニ、にんじん各1〜2本/たまねぎ1〜2コ/カリフラワー1〜3株/しめじ1〜2パック/ピクルス3本 ●サラダ油 ●塩・粗びきこしょう(黒)・酢

❶ ズッキーニは皮をしま目にむき、3つに切ってから縦薄切りにする。にんじんは皮をむいて短冊切りにし、たまねぎは薄切りにする。カリフラワーは小房に分け、しめじは石づきを取ってほぐす。

❷ ピクルスは縦四つから六つ割りにする。

❸ フライパンにサラダ油大さじ2を熱し、❶を入れてサッといため、塩、粗びきこしょう各少々をふって火を止め、❷と酢大さじ3を加えて手早く混ぜる。すぐ器に移し、冷ましてから食べる。

メモ なすやトマトなど、手近な野菜でつくってもよい。

(有元)

ハムとチーズのサラダ

実だくさんの
クリーム雑炊

実だくさんのクリーム雑炊献立

残りご飯も、ちょっとしたアイデアで
クリーミーでお腹にやさしいメニューに変身！

ご飯で

材料〈4人前〉

実だくさんのクリーム雑炊
- ご飯……………………100g
- ねぎ……………………1本
- カリフラワー…………100g
- チキンスープ……カップ2½
  （チキンスープの素1コ＋水）
- コーン（缶詰。クリーム状）
  ……………………100g
- 牛乳………………カップ¾
- パセリ（みじん切り）……少々

ハムとチーズのサラダ
- ロースハム（薄切り）……4枚
- チーズ………………………適量
- レタス………………………〃
- ミニトマト…………………〃
- パセリ………………………〃
- マヨネーズ…………………〃

- ●バター・小麦粉
- ●塩・こしょう

324 kcal

実だくさんのクリーム雑炊

❶ ねぎは縦半分に切って1cm幅に切る。

❷ カリフラワーは小房に分け、堅めにゆでる。

❸ なべにバター30gを溶かし、①をしんなりするまでいためて小麦粉大さじ1½をふり、よくいためる。

❹ ③にチキンスープを注ぎ、かき混ぜながら一煮立ちさせる。②、コーンを加えて約20分間煮る。

❺ 牛乳、ご飯を順に加え、3分間煮て塩、こしょう各少々で調味する。

❻ 器に盛り、パセリをふる。

ハムとチーズのサラダ

❶ チーズは角切りにする。

❷ レタスは食べやすい大きさにちぎる。ミニトマトは四つ割りにする。

❸ ロースハム、①、②を器に盛り合わせ、パセリを飾り、マヨネーズを添える。

メモ 生野菜は好みのものでよい。

（上野）

スクランブルエッグ

パンで

キャベツとベーコンのスープ献立

スープは隠し味にしょうゆが入っているので、ご飯にも合います。前日につくれば具がなじんでよい味に。

キャベツとベーコンのスープ

❶ キャベツは芯(しん)を除き、5cm長さの細切りにする。セロリは筋を除いて5cm長さの細切りにする。にんじんも皮をむいて同様に切る。たまねぎは縦半分に切ってから薄切りにする。
❷ ベーコンは7〜8mm角に切って熱湯でサッとゆでる。
❸ なべにバター大さじ2を溶かしてにんにくをいため、香りが出たら①のたまねぎ、セロリ、ベーコン、にんじん、キャベツの順に加えていためる。
❹ 油が回ったら固形スープの素と水カップ5を加え、煮立ったらアクを除いて弱火にし、野菜が柔らかくなるまで20〜25分間煮る。最後に塩小さじ1/2、こしょう少々、しょうゆ大さじ1弱を加えて味を調える。

スクランブルエッグ

❶ 卵は割りほぐし、牛乳、塩、こしょう各少々を加えて混ぜる。
❷ フライパンにバター大さじ4を溶かし、①を入れて手早くかき混ぜ、半熟状で火を止める。

チーズトースト

パンにチーズをのせ、オーブントースターで焼く。 (高城)

材料〈4人前〉

キャベツとベーコンのスープ
キャベツ……………………400g
セロリ…………………………30g
にんじん………………………50g
たまねぎ………………………80g
ベーコン(薄切り)………40g
にんにく(みじん切り)…少々
固形スープの素……………2コ

スクランブルエッグ
卵……………………………6コ
牛 乳………………………大さじ3

チーズトースト
イギリスパン………………4枚
(または食パン)
チーズ(溶けるタイプ)…適量

● バター
● 塩・こしょう・しょうゆ

631 kcal

チーズトースト

キャベツとベーコンの
スープ

パンで

ゆでキャベツの和風ドレッシング献立

身近なおかずもパンとともに一皿に盛り合わせるとグンとおしゃれ。生野菜ジュースを添えてどうぞ。

（パンは除く）

422 kcal

にんじん入りアップルジュース

ゆでキャベツの和風ドレッシング
❶ キャベツは芯を除いて2.5cm幅に切り、たっぷりの湯に塩少々を加えた中でサッとゆで、水けをきる。
❷ ベーコンは2cm幅に切り、①のあとの湯でサッとゆでて水けをきる。
❸ ①、②を合わせて塩、こしょう各少々、レモン汁をふり、和風ドレッシングであえる。

ゆで卵のマヨネーズサラダ
❶ ゆで卵は半分に切ってから5mm幅に切る。
❷ きゅうりは小口切りにし、塩少々をふってしばらくおき、しんなりとしたら水けを絞る。
❸ ①、②に塩、こしょう各少々をふり、マヨネーズであえる。

にんじん入りアップルジュース
にんじんは皮をむいてみじん切りにし、アップルジュース、レモン汁と合わせてミキサーにかける。（高城）

●生野菜ジュースのいろいろ
ほうれんそう＋グレープフルーツジュース
91 kcal
（各一人前）

材料〈4人前〉

ゆでキャベツの和風ドレッシング
キャベツ……………………½コ
ベーコン（薄切り）………6枚
レモン汁……………………少々
和風ドレッシング ┌ 溶きがらし……大さじ1
　　　　　　　　│ サラダ油………〃　3
　　　　　　　　│ 酢………………〃　2
　　　　　　　　│ 砂糖……………小さじ¼
　　　　　　　　│ 塩………………〃　⅔
　　　　　　　　│ こしょう………少々
　　　　　　　　└ しょうゆ………大さじ½

ゆで卵のマヨネーズサラダ
ゆで卵………………………6コ
きゅうり……………………2本
マヨネーズ…………………大さじ5

にんじん入りアップルジュース
にんじん……………………1⅓本
アップルジュース……カップ4
レモン汁……………………大さじ4

マフィン、トーストパン、ロールパンなど………………適量
●塩・こしょう

ゆでキャベツの和風ドレッシング

ゆで卵の
マヨネーズサラダ

ピーマン＋トマトジュース

ピーマン一コは種を除いてみじん切りにし、トマトジュースカップ¼、レモン汁大さじ１と合わせてミキサーにかける。

44 kcal

セロリ＋パセリ＋オレンジジュース

セロリー３本とパセリ一枝のみじん切り、オレンジジュースカップ¼、レモン汁大さじ１をミキサーにかける。（以上／高城）

92 kcal

ほうれんそう３株はみじん切りにし、グレープフルーツジュースカップ¼、レモン汁大さじ１と合わせてミキサーにかける。

そば粉クレープ

キャベツのいため物

ベーコンエッグ

そば粉クレープ献立

パンの代わりに香ばしいそば粉のクレープはいかが？
ヨーグルトやジャムをはさんで食べても美味。

材料〈4人前〉	
そば粉クレープ	
そば粉	70g
卵	2コ
塩	小さじ1/2
牛乳	カップ1 1/4
ベーコンエッグ	
ベーコン(薄切り)	8枚
卵	4コ
キャベツのいため物	
キャベツ	7〜8枚
にんにく	1かけ

● サラダ油
● 塩・こしょう

398 kcal

パンで

そば粉クレープ

❶ ボウルにそば粉を入れて中央にくぼみをつくり、卵、塩を入れる。

❷ 泡立て器で卵と塩をよく混ぜ、牛乳を少しずつ加えながら、周囲の粉を徐々にくずして混ぜ、材料全部がなめらかになるようによく混ぜる。

❸ ラップフィルムをかけて約30分間ねかせる。

❹ 小型のフライパンにサラダ油を薄くぬり、❸を玉じゃくし六分目くらい流し、弱火で焼く。表面が乾いてきたら裏返し、温める程度に焼く。同様にして残りの生地も焼く。

ベーコンエッグ

❶ フライパンにサラダ油を熱し、卵を1コずつ割り入れ、水少々を加えて半熟状になるまで弱火でゆっくり焼く。

❷ ベーコンは長さを半分に切り、サラダ油少々でカリッとなるまでいためる。

キャベツのいため物

❶ キャベツは芯を除いて4〜5cm角に切り、水につけてパリッとさせ、水けをよくきる。にんにくは薄切りにする。

❷ フライパンにサラダ油少々を熱してにんにくと塩ひとつまみを入れ、香りが出るまで中火でいためる。火を強めてキャベツを加え、サッといためてこしょう少々で調味する。

メモ クレープ生地をねかせている間に、ほかの料理を仕上げ、最後にクレープを焼き上げるとよい。

（西井）

パンのパンケーキ献立

パン粉でつくるやさしい口当たりのパンケーキ。
温野菜、果物をたっぷり添えてどうぞ。

ソーセージと野菜の
ワイン蒸し煮

612 kcal

材料〈4人前〉

パンのパンケーキ

生地
- 生パン粉※……カップ4（160g）
- 卵……………………4コ
- 塩…………………少々
- 牛乳……………カップ1

ジャムソース、はちみつ、生クリームなど好みのソース……適量

**ソーセージと野菜の
ワイン蒸し煮**

- ウインナーソーセージ……………8本（130g）
- キャベツ………½コ（400g）
- にんじん…………（小）2本
- トマト……………（小）2コ
- 白ワイン…………大さじ4

**バナナとキウイの
デザートサラダ**

- バナナ………………2本
- キウイ………………3コ
- Ⓐ レモン汁………½コ分
    好みのキュラソー………大さじ2
- Ⓑ 生クリーム……カップ½
    粉砂糖…………小さじ1

● サラダ油・バター
● 塩・こしょう

※堅くなったパンをフードプロセッサーなどで粗くひいて使ってもよい。

パンのパンケーキ

❶ 生地は1人前ずつ分量を混ぜて焼く。ボウルに卵1コを割り入れ、フォークでほぐし、塩少々、牛乳とパン粉の¼量を加えてサックリと混ぜる。

❷ フライパンにサラダ油少々をひき、①を1人前3〜4枚見当でスプーンで流し入れ、両面色よく焼く。皿に盛り、ジャムソースやはちみつなどを添える。

メモ ジャムソースは、好みのジャム大さじ4、水大さじ$1\frac{1}{2}$を混ぜて一煮立ちさせ、ラム酒、または白ワイン少々を加えて香りをつけたもの。

ソーセージと野菜のワイン蒸し煮

❶ ソーセージはフォークで穴をあけておく。キャベツは葉脈の堅い部分を取って薄切りにし、

バナナとキウイの
デザートサラダ

パンのパンケーキ

葉は3cm角に切る。にんじんは5mm厚さの斜め切りに、トマトは湯むきして8等分する。

❷ 塩少々を加えた湯カップ2でにんじんを10分間ゆでて取り出す。続いてソーセージを3分間ゆで、ゆで汁はとっておく。

❸ 厚手のなべにバター大さじ1を溶かし、キャベツを入れてサッといため、❷のにんじん、ソーセージを加えてざっと混ぜる。トマトをのせ、白ワイン、塩小さじ1/3、こしょう少々、❷のゆで汁大さじ3を加え、ふたをして約10分間蒸し煮にする。

バナナとキウイのデザートサラダ

❶ Ⓐをボウルに合わせ、バナナを食べやすい大きさに切りながらつけて変色を止める。キウイは5mm厚さの輪切りにする。

❷ Ⓑを好みの堅さに泡立てて器に敷き、❶を盛る。（大原）

パンで

バターロールサンド献立

活動的な一日のスタートにふさわしいボリュームです。
サラダのドレッシングは前夜に用意しておいても。

材料〈4人前〉	
バターロールサンド	
バターロール	(小)8コ
卵	3コ
マヨネーズ	大さじ2
生クリーム	〃 1
ハム	100g
レタス	4枚
パセリ	少々
マヨネーズ・粒マスタード	各適量
トマトのサラダ	
トマト	2コ
カマンベールチーズ	50g
ドレッシング	
酢	大さじ2
サラダ油	〃 5
たまねぎ(みじん切り)	〃 2
パセリ(〃)	〃 ½
塩	小さじ⅓
こしょう	少々
黒オリーブ	8コ
サラダ菜	適量
フルーツヨーグルト	
プレーンヨーグルト	カップ1½
キウイ	1コ
いちごジャム	大さじ2
紅茶	適量
●バター	

677 kcal

バターロールサンド

① バターロールは下⅓を残して中央に包丁を入れて切り開き、バターを薄くぬる。

② 卵は堅めにゆでて殻をむき、フォークで粗くつぶしてマヨネーズ、生クリームを加えて混ぜる。

③ ハムは3cm長さの短冊切りにする。レタスは水で洗って水けをよくふき、5mm幅の細切りにする。

④ ①のバターロールの半量に②を詰め、③のレタスの半量、②を詰め、パセリを飾る。残りの半量にはえ、レタス、ハムを詰め、マヨネーズ、粒マスタードをのせる。

トマトのサラダ

① トマトは皮を湯むきし、横半分に切ってからくし形に切る。

② カマンベールチーズは1cm角に切る。

③ ドレッシングの材料を合わせ、乳白色になるまで混ぜる。

④ ①、②、黒オリーブを③であえ、サラダ菜を敷いた器に盛る。

フルーツヨーグルト

① キウイは両端を切り落として皮をむき、半月切りにする。

② ヨーグルトはざっと混ぜ、なめらかにして器に入れ、中央にジャムをのせ、①を添える。

(田口)

フルーツ
ヨーグルト

トマトのサラダ

バターロール
サンド

パンで
ソーセージ入りオムレツ献立

ボリューム満点のオムレツやほぐしたコロッケを大皿に盛り、それぞれ好みの具をサンドします。

コロッケマッシュ

ソーセージ入りオムレツ

パンで

材料〈4人前〉

ソーセージ入りオムレツ
- 卵 …………………… 4コ
- ウインナーソーセージ … 4本
- ピーマン …………………… 1コ
- ミニトマト ………… 8～10コ
- 牛　乳 …………… 大さじ2
- サラダ菜 …………………適量
- きゅうりのピクルス …… 〃
    （市販。薄切り）

コロッケマッシュ
- コロッケ(市販) ………… 4コ
- 中濃ソース ………… 大さじ2
- マヨネーズ ………… 〃　2
- トマト …………………… 1コ
- サラダ菜 ………………… 4枚
- スライスチーズ ………… 4枚
- パセリ ……………………適量
- バーガーパン※ ………………適量
- ●サラダ油・バター
- ●塩・こしょう

※それぞれ横半分に切る。

469 kcal
（パンを除く）

ソーセージ入りオムレツ

❶ ウインナーソーセージは小口切りにする。

❷ ピーマンはヘタと種を取って1cm角に切り、ミニトマトはヘタを取って輪切りにする。

❸ ボウルに卵を割りほぐし、牛乳と塩、こしょう各少々を混ぜ、①、②を加えてサッと混ぜ合わせる。

❹ フライパンを強火で熱してサラダ油約大さじ2を入れ、全体によくなじませてあけ、バター大さじ1を溶かす。③の卵液を一気に流し入れ、フォークなどで手早くかき混ぜ、半熟状になったら裏返してさらに焼く。

❺ パンにサラダ菜、④のオムレツ、きゅうりのピクルスをはさむ。

メモ　オムレツはパンにはさみやすいよう平たく焼く。

コロッケマッシュ

❶ コロッケに中濃ソースとマヨネーズをかけ、フォークなどで粗くつぶして味をからめる。

❷ トマトはヘタを取り、1cm厚さの輪切りにする。

❸ パンにサラダ菜、①のコロッケ、チーズ、トマト、パセリをはさむ。

（堀江）

● パンにはさむ具のバリエーション ●

ベーコンポテトサンド
319kcal

材料〈1人前〉 好みのパン1コ／ベーコン（薄切り）1枚　冷凍ポテト20ｇ／たまねぎ1/4コ／卵1コ／パセリ（みじん切り）少々／トマトケチャップ適量／ミニトマト・スタッフドオリーブ各少々
● サラダ油　● 塩・こしょう

1 ベーコンは細く切り、たまねぎはせん切りにする。
2 小さいフライパンにサラダ油少々を熱し、たまねぎ、ベーコンを入れていためる。たまねぎがしんなりとしてきたら冷凍ポテトを凍ったまま加え、さらにいためて、ポテトに火が通り、芯まで温まったら塩、こしょう各少々で味をつけ、パセリを散らす。
3 ポテトを中央に寄せ、真ん中を軽くへこませて卵を割り入れ、ふたをして1～2分間蒸し焼きにする。卵の黄身にうっすらと膜がかかったらでき上がり（卵は好みの加減に焼き上げる）。
4 パンの厚みを2つに切ってトマトケチャップを好みの量ぬり、③をはさみ、ミニトマト、オリーブを添える。

にんじんのきんぴらサンド
231kcal

材料〈4人前〉 ホットドッグ用パン4コ／にんじん100ｇ／卵2～3コ／いりごま（白）少々　● サラダ油・バター　● しょうゆ・酒・みりん

1 にんじんは3～4cm長さのせん切りにする。
2 卵は堅めにゆでて殻をむき、輪切りにする。
3 フライパンを熱してサラダ油小さじ1を入れ、にんじんをいためる。全体に油が回ったらしょうゆ、酒各大さじ1、みりん少々を加えて味つけし、火を弱めて汁けがなくなるまでいため煮にして、仕上げにいりごまを散らす。
4 パンの厚みに切り目を入れてバター少々をぬり、②の卵を並べ、③のきんぴらをはさむ。

（以上／堀江）

パンで ツナじゃがトースト献立

手軽に使えるツナ缶はパンメニューの人気者。
ホクホクのゆでじゃがを加えて味も満足感もアップ。

材料〈4人前〉

ツナじゃがトースト
- 食パン（イギリスパン）… 4枚
- じゃがいも ………………300g
- ツナ（缶詰）………………75g
- パセリ（みじん切り）大さじ1
- { マヨネーズ………大さじ2
-   オリーブ油………　〃　1
-   塩・こしょう……各少々 }
- ラディッシュ…………… 4コ

カリフラワーのカレースープ
- カリフラワー ……………100g
- にんじん……………………30g
- キャベツの葉………………1枚
- ベーコン（薄切り）………30g
- スープ………………カップ4
- カレー粉………大さじ2/3〜1

- オレンジ＊…………………2コ
- 牛　乳………………カップ4
- ●バター・サラダ油
- ●塩

＊薄皮をむいて食べやすく切り、あればミントの葉を飾る。

605 kcal

ツナじゃがトースト

① じゃがいもは皮をむいて約3cm角に切り、サッと洗って水からゆではじめる。柔らかくなったらゆで汁を捨て、もう一度火にかけ、なべを揺すりながら水分をとばし、泡立て器で粗くつぶして冷ます。

② パンは薄くバターをぬり、オーブントースターで軽く焼く。

③ ツナは缶汁をきって粗くほぐし、①に加えてパセリのみじん切りを散らし、カッコ内の材料を加えて混ぜ合わせる。

④ ②のパンに③をのせ、オーブントースターで3〜4分間焼き、ラディッシュの飾り切りを添える。

カリフラワーのカレースープ

① カリフラワーは小房に分ける。

② にんじんは3〜4mm厚さの半月切りかいちょう切りにし、キャベツはザク切りにする。

② ベーコンは1cm幅に切る。

③ なべにサラダ油大さじ1/2を熱して②をいため、スープを加えて一煮立ちさせ、①の野菜を入れる。

④ 再び煮立ったらアクを取り、カレー粉を溶き入れ、弱火で12〜13分間コトコトと煮て塩少々で味を調える。

（田口）

カリフラワーのカレースープ

ツナじゃがトースト

ブランチ献立

ふだんはどうしても効率が優先してしまう朝食づくり。でも休日の朝はゆったりと食事を楽しみたい。ここではあまり手をかけなくても食卓が華やかになるおしゃれなメニューを紹介します。

キャベツときゅうりの即席漬け

そら豆のひすい煮

厚揚げステーキ

厚揚げステーキ献立

手近な材料でつくれる、和風好みの人のための献立。
漬物は前日の夜につけてたっぷり用意して。

じゃがいとたまねぎのみそ汁

つくだ煮ご飯

ブランチ献立

材料〈4人前〉

厚揚げステーキ
- 厚揚げ……………………4枚
- 大　根……………………½本
- ｛レモン汁……大さじ 2～3
- 　塩……………小さじ⅔～1
- 　薄口しょうゆ……〃　　1
- しらす干し……………大さじ3
- 貝割れ菜…………………適量
- 七味とうがらし…………少々

キャベツときゅうりの即席漬け
- キャベツの葉………5～6枚
- きゅうり…………………1本
- ラディッシュ……………4コ

つくだ煮ご飯
- 米……………………カップ2
- あさりのつくだ煮…50～60g

じゃがいもとたまねぎのみそ汁
- じゃがいも………………2コ
- たまねぎ…………………½コ
- さやえんどう…………20枚
- み　そ…………大さじ 3～4

そら豆のひすい煮
- そら豆(さやつき)……400g
- ｛水…………………カップ⅔
- 　砂　糖……………大さじ4
- 　塩……………小さじ⅔弱

● バター
● しょうゆ・塩・酒

821 kcal

厚揚げステーキ

❶ 大根はすりおろして水けを絞り、カッコ内の材料を混ぜる。

❷ しらす干しは熱湯をかけて水けをよくきり、①に加えて混ぜる。

❸ 厚揚げは4つぐらいに斜めそぎ切りにする。

❹ フライパンを熱してバター大さじ2を溶かし、③を入れて切り口を焼き、しょうゆ大さじ2を加えて厚揚げにからめ、器に盛る。

❺ ④に②をのせ、七味とうがらしをふり、貝割れ菜を添える。

キャベツときゅうりの即席漬け

❶ キャベツは約1.5cm幅の短冊切りにし、きゅうりとラディッシュはそれぞれ薄い輪切りにする。

❷ ボウルに①を入れ、塩小さじ2弱をふり、軽いおもしをして一晩おく。

❸ 水けを軽く絞り、器に盛る。

46

つくだ煮ご飯

❶ 米は前日の晩にといでざるに上げ、水けをよくきってから水カップ $1\frac{2}{5}$ につけておく。

❷ 炊く直前に酒大さじ2とあさりのつくだ煮を加え、一混ぜして普通に炊き、12〜15分間蒸らす。

メモ つくだ煮は好みのものでよい。炊き上がったら、いりごま（白）、青のり粉などを混ぜるといっそうおいしい。

じゃがいもとたまねぎのみそ汁

❶ じゃがいもは約1cm厚さのいちょう切りにし、水に放してアクを取り、ざるに上げて水けをきる。

❷ たまねぎは縦半分に切り、さらに約1cm幅のくし形切りにする。

❸ なべに①、②を入れ、水カップ4を注いで強火にかけ、煮立ったら火を弱め、じゃがいもが柔らかくなるまでコトコトと煮る。

❹ さやえんどうの筋を取って③に加え、少し煮てみそを溶き入れ、一煮立ちさせる。

メモ 野菜からうまみが出るのでだしは加えない。

そら豆のひすい煮

❶ そら豆はさやから出し、薄皮をむいて2枚にはがす。

❷ カッコ内の材料を合わせて一煮立ちさせる。

❸ ①を色よくゆで、ゆで汁をきって②に30分間以上つける。

（清水）

ブランチ献立

材料〈4人前〉

ケイジャリー
- ご 飯………………カップ4強
- 干 物………………2枚(480g)（かまぼこ、たらなどの中くらいのもの）
- ベーコン(薄切り)………2枚
- 堅ゆで卵………………2コ
- カレー粉……………小さじ2
- グリンピース(ゆでたもの)……………………100g

トマトとオレンジのサラダ
- トマト・オレンジ……各2コ
- ドレッシング
  - オレンジの絞り汁…1コ分
  - サラダ油…………大さじ2
  - 塩………………小さじ½
- ミントの葉(あれば)……少々

プルーンの紅茶漬け
- プルーン(乾)………20粒
- 紅 茶…………………適量

マシュマロココア
- ココア(粉末)………大さじ3
- 牛 乳………………カップ3
- マシュマロ………(小)約20粒

● サラダ油・バター
● 塩・砂糖

ケイジャリー

❶ 干物は焼いて骨を除き、身をほぐす。ベーコンは1cm角に切る。ゆで卵は黄身と白身に分け、それぞれ粗みじん切りにする。

❷ フライパンにサラダ油大さじ1を熱してベーコンをいため、干物、カレー粉小さじ1を加えて混ぜながらいため、取り出して2等分する。

❸ フライパンをきれいにして熱し、バター大さじ2を溶かしてご飯の半量をいため、カレー粉小さじ½、塩少々を加え、②の半量とゆで卵の白身、グリンピースの各半量を加え、全体に混ぜながらいためて取り出す。残りのご飯も同様にしていためる。

❹ 皿に盛り、卵の黄身を散らす。

トマトとオレンジのサラダ

トマト、オレンジはそれぞれ5mm厚さの輪切りにして器に盛る。ドレッシングの材料を混ぜ合わせて食べる直前にかけ、ミントの葉を飾る。

プルーンの紅茶漬け

ボウルにプルーンを入れ、熱い紅茶をかぶるくらいに注ぎ、一晩おく。

マシュマロココア

❶ なべにココアと砂糖大さじ4を入れ、牛乳カップ½を加えて泡立て器で混ぜ、さらに牛乳カップ2½を加えて弱めの中火で温める。

❷ カップにマシュマロを1人分約5粒ずつ入れ、①を注ぐ。

(大原)

トマトとオレンジのサラダ

ケイジャリー

プルーンの紅茶漬け

マシュマロココア

ケイジャリー献立

664 kcal

イギリスの漁村に伝わる干物入りピラフ、
ケイジャリーを主役にしたさわやかブランチ。

ブランチ献立

しじみ汁

じゃがいもの白煮

干物の酢じょうゆ焼き

はちみつ入り卵焼き献立

いつもの和風おかずも大皿に盛り合わせるとグンと華やか。
栄養バランスもボリュームも申し分なしの献立です。

梅ご飯

はちみつ入り
卵焼き

グリーンアスパラガスの
おひたし

ブランチ献立

材料〈4人前〉

はちみつ入り卵焼き
- 卵 …………………………… 4コ
- はちみつ …… 大さじ2〜2½
- グリンピース（ゆでたもの）
　…………………………… 〃 2

じゃがいもの白煮
- じゃがいも ………………… 2コ
- あさつき（小口切り）…… 少々

グリーンアスパラガスのおひたし
- グリーンアスパラガス … 1ワ

干物の酢じょうゆ焼き
- 干物（かますなど）… 4〜6枚
- しょうが汁 ………… 小さじ2

梅ご飯
- 米 …………………… カップ2
- だし昆布 ……… 5cm角1枚
- 梅干し ………………… 2〜3コ
- 青じその葉 ……………… 10枚
- いりごま（白）……… 大さじ1

しじみ汁
- しじみ …………… 300〜400g
- だし昆布 ……… 5cm角1枚
- 粉ざんしょう ………… 少々
- み そ ………… 大さじ3〜4

- 漬物（好みのもの）……… 適量
- ●サラダ油
- ●酒・薄口しょうゆ・砂糖・塩・しょうゆ・酢・みそ

614 kcal

はちみつ入り卵焼き

❶ ボウルにはちみつを入れ、酒大さじ2を少しずつ加えて溶きのばし、薄口しょうゆ小さじ1を加え、卵を割り入れて軽く混ぜ、グリンピースを加える。

❷ 卵焼き器を中火にかけ、サラダ油をたっぷり含ませた脱脂綿で油をひき、①の卵液を少し落としてチリッと焼けたら⅕量を流し入れる。はしでつつきながら表面が固まるまで焼き、手前にクルクルと巻く。

❸ なべの向こう側のあいたところに油をひき、卵を向こう側にすべらせて手前にも油をひき、先に焼いた卵の下にも卵液を流し入れる。

❹ 卵液が半熟程度に固まったら、向こう側の卵を再び手前に巻く。残りの卵液も同様に加えながら巻き、四隅をしっかりと形づけて焼き上げる。

じゃがいもの白煮

❶ じゃがいもは1cm厚さのいちょう切りにし、水でサッと洗う。

グリーンアスパラガスのおひたし

② なべに①と、水を七分目ほど加えて火にかけ、煮立って1～2分間したら砂糖大さじ2を入れ、2～3分間煮て塩小さじ1/3を加え、弱火でいもが柔らかくなるまで煮る。

③ 器に盛り、あさつきを散らす。

グリーンアスパラガスのおひたし

グリーンアスパラガスは3～4cm長さに切り、塩少々を加えた熱湯で柔らかくゆでてゆで汁を捨て、熱いうちにしょうゆ少々をからめる。

干物の酢じょうゆ焼き

① 干物は頭と尾を取り、縦半分に切る。

② バットに酢カップ1/2、しょうゆ大さじ2～3、しょうが汁を入れ、①を30～60分間つける。

③ 焼き網を熱して油少々をぬり（魚が網にくっつくのを防ぐ）、干物の皮のほうから焼き、返して身のほうも焼き、食べやすい大きさに切る。

メモ 魚は前日の晩に下味をつけておくとよい。

梅ご飯

① 米は前日の晩にといで水けをよくきり、水カップ1/4（←450cc）にだし昆布といっしょにつけておく。

② 炊く前に酒大さじ2、塩小さじ1/4～1/2と梅干しをちぎって入れ、サッと混ぜて普通に炊き上げる。

③ 青じその葉はせん切りにする。

④ ②のご飯を12～15分間蒸らし、梅干しの種を取り、サックリと切るように混ぜて③といりごまを散らす。

メモ 梅干しの大きさ、塩分によって塩の量は加減する。

しじみ汁

① しじみはボウルに入れ、水をヒタヒタよりやや少なめに注ぎ、一晩おいて砂出しをじゅうぶんにする。

② ①のしじみを洗って水けをきり、なべに入れて昆布と水カップ1/2を加え、中火にかける。アクをよく取り、しじみの口が開いて1～2分間したら昆布を取り出し、みそを溶き入れて一煮立ちさせ、火を止める。椀に盛り、粉ざんしょうをふる。

（清水）

白がゆ献立

ブランチ献立

おなかにやさしいおかゆのブランチ。手近な素材を一工夫した薬味やトッピングを添えて味わい豊かに。

材料〈4人前〉

白がゆ(全がゆ)
米……………………カップ1½

あさりのカレーいり煮
あさり(缶詰)
　……………1缶(正味105g)
しょうが(細切り)小さじ1弱
｜カレー粉……………少々
｜酒………………大さじ3
｜砂　糖……………小さじ1
｜しょうゆ……………少々

ひき肉のトマトいため
牛ひき肉……………200g
赤ピーマン………(小)1コ
トマト……………(小)1コ
　(またはトマトピュレ
　大さじ3)
たまねぎ(みじん切り)
　………………大さじ3
白ワイン……………〃 3
グラニュー糖(または砂糖)
　…………………小さじ½

青菜のごま油いため
小松菜………………1ワ
いりごま(白。刻む)小さじ2

ザーサイ※……………120g
ボンレスハム(薄切り)※※4枚
●サラダ油・小麦粉・ごま油
●塩・こしょう・しょうゆ

※水洗いして細切りにし、ごま油小さじ1を回しかける。
※※5mm幅の細切りにする。

557 kcal

白がゆ(全がゆ)

❶ 米は洗ってざるに上げ、水けをきる。

❷ 厚手のなべに米、水カップ7½、塩少々を入れて一混ぜし、強めの中火にかける。ふきこぼれそうになったらふたを半分ずらし、7〜8分間して沸騰したら弱火にし、ふたを少しずらしてかぶせ、約20分間炊いて火を止める。ふたをきっちりかぶせ、約7分間蒸らす。

あさりのカレーいり煮

❶ あさりは缶汁をきる。

❷ なべにカッコ内の材料を入れて煮立て、①としょうがを加え、はしでかき混ぜながら5〜6分間いりつけて汁けをとばす。

ひき肉のトマトいため

❶ 赤ピーマンは5mm角に切る。トマトは皮を湯むきして種を除き、ザク切りにする。

❷ 厚手のなべにサラダ油大さじ2を熱してたまねぎをいため、しんなりとしたら赤ピーマンを加えてサッと混ぜる。ひき肉を加えて、パラパラになるまでいため、小麦粉小さじ½を加え、①のトマト、白ワイン、グラニュー糖、塩小さじ⅓、こしょう少々を加え、汁けがなくなるまで煮詰める。

青菜のごま油いため

❶ 小松菜は熱湯に入れてサッとゆで、冷水に取って水けを絞り、5mm幅に切る。

❷ フライパンにごま油小さじ2を熱して①を入れ、しょうゆ小さじ1、塩少々を加えて水けがなくなるまでいため、器に盛り、ごまを散らす。　(大原)

白がゆ（全がゆ）

あさりのカレーいり煮

ひき肉のトマトいため

青菜のごま油いため

ブランチ献立

五目チャーハン献立

ありあわせの材料でつくる具だくさんのにぎやかチャーハンに、手軽なスープを添えた簡単献立。

510 kcal

材料〈4人前〉

五目チャーハン
- ご　飯…………茶碗4杯分弱
- むきえび、いか、帆立て貝柱、焼き豚など……合計200g
- にんじん、たまねぎ、ピーマン、生しいたけなど　合計200g
- ねぎ（1cm長さに切る）…6本
- にんにくの薄切り………4枚
- 溶き卵……………………4コ分
- 薄口しょうゆ……大さじ2
- 酒　　　　　　　〃　　2
- 中国風スープの素（顆粒）
  　　　　　　　　小さじ1
- 塩　　　　　　　〃　　1
- こしょう…………………少々
- ごま油……………………〃

豆腐スープ
- 豆腐（木綿）……………½丁
- 中国風スープの素（顆粒）
  　　　　　　　　小さじ2
- 細ねぎ（小口切り）………少々

- ●サラダ油・ごま油・かたくり粉
- ●酒・塩・薄口しょうゆ・こしょう

五目チャーハン

❶ 中華なべにふたをし、ごく弱火でから焼きする。ご飯はバットに広げて水分をとばし、室温程度にする。

❷ むきえびは背ワタを取り、いか、貝柱とともに1cm角に切って酒少々をふる。焼き豚も1cm角に切る。

❸ 野菜はすべて約1cm角に切り、にんじんだけ下ゆでしておく。

❹ ①のなべにサラダ油を多めに入れて油をあける。これを2～3回くり返してなべに油をよくなじませる。

❺ 油大さじ1～2を残してねぎ、にんにくを中火で1分間ほど色づくまでいためて取り出す。強火にして②、③を順にいため、溶き卵を加えて卵がそぼろ状になるまでいためる。

❻ ご飯を加え、玉じゃくしで軽く押さえながら強火で6～7分間、ご飯粒がパラパラになるまでいためる。カッコ内の材料をなべ肌から回し入れてよく混ぜ、最後にごま油数滴を加えて一混ぜする。

メモ　チャーハンは一度にたくさんつくらず、2人前くらいずつつくる。

豆腐スープ

❶ 豆腐は1.5cm角に切り、熱湯に約5分間つけてざるに上げる。

❷ 湯カップ3に中国風スープの素、塩、酒各小さじ1、薄口しょうゆ小さじ1弱、こしょう少々を入れて煮立て、さらにごま油少々、かたくり粉小さじ2を同量の水で溶いて加え、とろみがついたら①の豆腐を入れ、器に盛り、細ねぎを散らす。（程）

五目チャーハン

豆腐スープ

アンチョビトースト献立

のんびりくつろぎたい休日の朝にふさわしい、
手軽につくれておしゃれな洋風メニュー。

ブランチ献立

材料〈4人前〉	
アンチョビトースト	
食パン（8枚切り）	8枚
アンチョビ	8切れ
パセリ（みじん切り）	少々
オリーブ油	カップ⅓
ハーブ入りオムレツ	
卵	8コ
生クリーム	大さじ4
セルフィーユ（みじん切り）	適量
パセリ（　〃　）	〃
ブロッコリ	150g
キャベツとりんごの甘酢サラダ	
キャベツ	300g
りんご	½コ
甘酢ドレッシング	
酢	大さじ1½
サラダ油	〃 4
塩	小さじ⅔
砂糖	〃 1½
こしょう	少々
黒オリーブ	適量
アイスコーヒー	〃

● サラダ油・バター
● 塩・こしょう

949 kcal

アンチョビトースト

❶ アンチョビはサッと洗ってみじん切りにし、パセリとともにオリーブ油に加える。

❷ 食パンに❶のアンチョビオイルをぬり、オーブントースターで軽く焼き色がつくまで焼き、1枚を半分に切る。

ハーブ入りオムレツ

❶ ボウルに卵を割りほぐし、塩、こしょう各少々、生クリームを加え、セルフィーユ、パセリを入れてよく混ぜ、4等分する。

❷ ブロッコリは小房に分け、熱湯でゆでてざるに取り、塩少々をふる。

❸ フライパンを熱してサラダ油大さじ½、バター大さじ1を入れ、❶の卵液の¼量を流し入れてオムレツをつくる。これを4回くり返す。

❹ 器に盛り、❷を添える。

キャベツとりんごの甘酢サラダ

❶ キャベツは芯を除いて細切りにする。りんごはくし形に切って芯を除き、さらに薄切りにして塩水にサッとつけ、ざるに上げて水けをきる。

❷ ボウルにキャベツを入れ、塩少々をふって軽くもむ。甘酢ドレッシングの材料を加えて一混ぜし、りんごを加えてサッとあえる。

（田口）

アンチョビトースト

キャベツとりんごの
甘酢サラダ

ハーブ入りオムレツ

パンプディング献立

442 kcal

目覚めたばかりの胃にやさしいメニューです。
つくりおきのにんじんサラダを添えて栄養バランスも上々。

ブランチ献立

材料〈4人前〉

パンプディング
ブリオッシュ※ ………… 4コ
プルーン ………………… 6コ
白ワイン（または湯）大さじ1
｛ 卵 …………………………… 4コ
　牛乳 …………………… カップ2
　砂糖 ……………… 大さじ3〜6
　バニラエッセンス ……… 少々

にんじんサラダ
粒マスタード風味
にんじん ………………… 400g
たまねぎ ………………… ¼コ
｛ 酢 …………………… カップ⅓
　ローリエ ………………… 1枚
　赤とうがらし …………… 1本
粒マスタード … 大さじ1〜2

● バター・サラダ油
● 塩・こしょう

※ バターロール、食パンでもよい。

パンプディング

① ブリオッシュは約1.5cm角に切り分ける。

② プルーンは白ワイン（または湯）につけて柔らかくしてから薄切りにする。

③ カッコ内の材料を合わせて①を浸し、じゅうぶんに汁を吸わせて②を加えて混ぜる。

④ 耐熱容器にバター少々をぬり、③を流し入れて温めたオーブントースターで10〜15分間焼き、こんがりとした焼き色をつける。好みではちみつをかける。

メモ ブリオッシュは堅くなりやすいので、残ったときの利用法としても覚えておくと便利。砂糖の量を多めにすれば、おやつにもおすすめ。

にんじんサラダ
粒マスタード風味

① にんじんは皮をむき、薄めの輪切りにする。大きいものは半月切りにする。たまねぎはみじん切りにする。

② フライパンにサラダ油大さじ2を熱し、たまねぎ、にんじんの順にいため、カッコ内の材料を加えて2〜3分間煮る。

③ 火から下ろし、塩、こしょう各少々、粒マスタードを加え、しばらくおいて味をなじませる。

メモ 冷蔵庫に入れておけば4〜5日間はもつので、多めにつくっておくと便利。

（高城）

にんじんサラダ
粒マスタード風味

パンプディング

いんげんの
揚げびたし

エスニックそうめん

ブランチ献立

エスニックそうめん献立

タイ風のピリ辛のかけつゆをからめて食べます。
にんにくの量は好みで加減して。

材料〈4人前〉

エスニックそうめん
そうめん(乾)………3〜4ワ
牛薄切り肉(しゃぶしゃぶ用)
…………………………250g
みょうが………………4コ
青じその葉……………10枚
香菜・ディル※……3〜4本
かけつゆ
| 赤とうがらし…………2本
| ナムプラー※※大さじ4〜5
| レモン汁…………1コ分
| おろしにんにく…1かけ分
| 砂　糖…………小さじ2
| サラダ油…………大さじ1

いんげんの揚げびたし
さやいんげん…………200g
赤ピーマン(またはピーマン)
…………………………2コ
つけ汁
| めんつゆ※※※・水各カップ½
| おろししょうが…1かけ分

● 揚げ油

※香菜、ディルともに手に入らない場合は省いてもよい。
※※タイの魚醤。しょっつるで代用できる。どちらもない場合は、赤とうがらし2本、レモン汁1コ分、おろしにんにく1かけ分、酢・サラダ油各大さじ1、砂糖小さじ2、しょうゆ大さじ1½を混ぜたたれで。
※※※つくり方は左記。

450 kcal

エスニックそうめん

❶ 牛肉は熱湯にサッと通し、すぐに氷水に取り、水けをきる。
❷ みょうがは薄切り、青じその葉、香菜、ディルはおおまかにちぎって冷水に放し、パリッとさせて水けをきる。
❸ そうめんは袋の表示通りにゆでて水洗いし、水けをよくきって器に盛る。①、②をのせ、かけつゆの材料をよく混ぜてかける。

いんげんの揚げびたし

❶ さやいんげんは両端を切る。赤ピーマンは縦に皮をむくようにして切り、ヘタと種を除く。
❷ 揚げ油を高温(180℃)に熱して①をサッと揚げ、熱いうちにつけ汁につける。すぐに食べてもよいが、30分間ほどおいて味をなじませるとよりおいしい。

めんつゆのつくり方

水カップ2、昆布15cmを一煮立ちさせて昆布を除き、削りがつお30gを加えて約5分間煮こす。煮切りみりん、しょうゆをそれぞれだしの半量ずつ加え、一煮立ちさせて冷ます。(有元)

れんこんのきんぴら

さやいんげんの
じゃこあえ

お好みうどん

ブランチ献立

お好みうどん献立

たっぷりの具をのせ、冷たい汁をはります。
コクがあるのにさっぱり食べられる夏向きのメニュー。

お好みうどん

❶ 豚肉は一口大に切り、サラダ油大さじ1でいためて酒、しょうゆ各大さじ1、しょうが汁を加え、味をからめる。

❷ ほうれんそうは熱湯でゆでて水に取り、水けを絞って3～4cm長さに切る。

❸ 油揚げは焼き網にのせて香ばしく焼き、細切りにする。

❹ かけつゆをつくる。なべにみりんを煮立ててアルコール分をとばし、しょうゆとだし(または削りがつお5g、水カップ2½)を加えて一煮し、こし器でこして冷ます。

❺ うどんは熱湯に通してから冷水に取り、水けをきる。

❻ 器に❺を盛って❶～❸をのせ、大根おろしと青じその葉を添え、❹のつゆを注ぐ。

れんこんのきんぴら

❶ れんこんは皮をむき、縦半分に切って薄切りにし、水に放してアク抜きをし、水けをきる。

❷ なべにごま油大さじ1を熱してれんこんをいため、カッコ内の材料を加え、弱火で汁けがなくなるまでいため煮にしてため種を除いた赤とうがらしをいため、❶を加えてさらにいため、カッコ内の材料を加え、中火以下の火加減で汁けがなくなるまでいため煮にして仕上げにごまをふる。

さやいんげんのじゃこあえ

❶ さやいんげんは根元を切り、熱湯でゆでて3～4cm長さに切る。ちりめんじゃこはざるに入れ、熱湯を回しかける。

❷ フライパンにサラダ油大さじ½を熱して❶をいため、カッコ内の材料を加え、弱火で汁

(田口)

材料〈4人前〉

お好みうどん
ゆでうどん……………… 4玉
豚薄切り肉(しゃぶしゃぶ用)
……………………200g
しょうが汁……… 小さじ1
ほうれんそう…………… 60g
油揚げ…………………… 1枚
かけつゆ {
 みりん………カップ½
 だ し………〃 2½
 しょうゆ……〃 ½
}
大根おろし………カップ½
青じその葉(せん切り)…10枚

れんこんのきんぴら
れんこん………………150g
赤とうがらし………(小)1本
{
 だ し………カップ½
 しょうゆ………大さじ1
 砂 糖………〃 ⅔
}
いりごま(白)……大さじ½

さやいんげんのじゃこあえ
さやいんげん……………80g
ちりめんじゃこ…………20g
{
 だ し………カップ¼
 薄口しょうゆ……大さじ⅔
 みりん………………少々
}

漬物(好みのもの)………適量
●サラダ油・ごま油
●酒・しょうゆ

677 kcal

グリーンサラダ

冷たいパスタ

冷たいパスタ献立

サラダ感覚で食べる冷たいスパゲッティ。フレッシュな野菜と果物を添えてさらに清涼感をアップ。

材料〈4人前〉
冷たいパスタ
スパゲッティ …………300ｇ
えび……………………200ｇ
あさり(砂出しする)…400ｇ
オリーブ油………カップ⅓
にんにく(縦二つに切る)
……………………½かけ
白ワイン …………大さじ２
トマト ……………………２コ
さやいんげん……………30ｇ
グリーンサラダ
ブロッコリ ……………100ｇ
レタス …………………３枚
サラダ菜 ………………½株
きゅうり ………………１本
クレソン ………………½ワ
マヨネーズ………大さじ３
レモン汁……………… 〃 １
グレープフルーツジュース
……………………………適量
果物(好みのもの)……… 〃
●サラダ油
●塩・こしょう

770 kcal

冷たいパスタ

❶ スパゲッティはたっぷりの沸騰した湯に入れ、塩少々を加えて好みの堅さにゆで、ざるに上げてサッと水をかけ、水けをきってよく冷やす。

❷ えびは薄い塩水で洗って背ワタを除き、尾の一節を残して殻をむく。あさりは殻をこすりあわせてよく洗う。

❸ なべにオリーブ油大さじ１を熱してにんにくをいため、香りが立ったら②を加えてふたをし、蒸しワインを注いでふたをし、蒸し煮にする。

❹ あさりの殻が開いたら火を止めて取り出し、あさりの身を少々ふって冷ます。殻からはずし、汁はこしておく。

❺ トマトは皮を湯むきし、種すい大きさにちぎり、冷水に放してパリッとさせ、水けをきる。さやいんげんは根元を切り、熱湯でサッとゆでて２cm長さに切る。

❻ ボウルに残りのオリーブ油と④のこし汁、トマトを入れ、塩、こしょう各少々で少し濃いめに味をつけ、①と④、さやいんげんを加えてあえる。

グリーンサラダ

❶ ブロッコリは小房に分け、熱湯でゆでてざるに上げ、塩少々をふって冷ます。

❷ レタス、サラダ菜は食べやすい大きさにちぎり、冷水に放してパリッとさせ、水けをきる。

❸ きゅうりは皮をしま目にむいて小口切りにする。クレソンは葉先を摘む。

❹ ボウルに①～③を入れ、サラダ油(またはオリーブ油)大さじ1½をからめて器に盛り、マヨネーズにレモン汁を加えたドレッシングをかける。

(田口)

おかずカタログ

手近な材料で、短時間でつくれる料理をたくさん覚えて、つくりましょう。主菜、副菜、常備菜、汁物と、組み合わせは自由自在です。バラエティー豊かな朝の食卓を

鶏肉のみそだれ焼き

特製のみそだれがあれば簡単にできます。
生野菜といっしょにパンにはさんでもおいしい。

190 kcal

材料〈4人前〉	
鶏もも肉	2枚
みそだれ※	
みそ	大さじ8
みりん	〃 3
砂糖	〃 1〜2
とんかつソース	〃 1
トマトケチャップ	〃 1
しょうゆ	〃 1
●塩・こしょう	

※材料はつくりやすい分量。でき上がり大さじ4を使う。保存瓶に入れ、冷蔵庫で保存。いため物、煮物、サラダのソースなどに幅広く使えて重宝する。

❶ みそだれの材料をなめらかになるまでよく混ぜる。好みでおろしにんにくとしょうがで風味をつけてもよい。その場合は、使う分だけに各少々を混ぜる。

❷ 鶏肉は味がしみやすいように、皮のついた面をフォークでプスプスと刺してから塩、こしょう各少々をふり、①をからませて一晩おく。

❸ オーブントースターの天板にアルミ箔を敷いて②をのせ、両面に焼き色がつくまで焼く。

(栗原)

68

元気のでる主菜

鶏肉のさんしょう風味焼き

さんしょうの香りと辛みで食欲倍増。
このたれは、豚肉や白身魚の切り身にも合います。

184 kcal

材料〈4人前〉
鶏もも肉…………(小)2枚
実ざんしょう小さじ1～2
（包丁で細かくたたく）
しょうゆ………大さじ2
みりん……………〃 1
酒…………………〃 1
ししとうがらし…………8本
●サラダ油
●塩

❶ 鶏もも肉は筋切りする。

❷ ボウルにカッコ内の材料を合わせ、①をつけ、時々上下を返しながら約10分間おいて味をつける。

❸ ししとうがらしは縦に1本切り込みを入れ、サラダ油少々でサッといためて塩少々をふる。

❹ ②を皮目を上にして天板に並べ、200℃に熱したオーブンで14～15分間焼き、2～3分間おいて荒熱がとれたら食べやすく切る。

❺ 器に盛り、③を添える。（田口）

ソーセージとセロリの いためサラダ

● ● ●

油を少なめにし、しょうゆとごま油で香ばしく
仕上げるのがポイント。油っぽくない、朝向きの味です。

材料〈4人前〉
ウインナーソーセージ‥150g
セロリ ………………… 2本
ミニトマト ……………20コ
●サラダ油・ごま油
●塩・こしょう・しょうゆ

153 kcal

❶ ウインナーソーセージは斜め2等分に切る。
❷ セロリは筋を取り、4～5mm幅の斜め切りにする。
❸ ミニトマトはヘタを取り、いためたときに破裂しないように軽く包丁目を入れる。
❹ フライパンにサラダ油大さじ1/2を熱して①をいため、香ばしい焼き色がついてきたら、②、③を順に加えてサッといため、塩、こしょう各少々、しょうゆ小さじ1で調味し、ごま油小さじ1をふる。

（高城）

牛肉のセロリ巻き

セロリの風味と歯ざわりが思いがけないおいしさ。
野菜も同時にとれる便利なおかずです。

258 kcal

材料〈4人前〉

牛もも肉（薄切り）	300g
セロリ	½本
さやいんげん	4本
ウスターソース	カップ⅓
トマトケチャップ	小さじ2
溶きがらし	〃 ½
さやえんどう	30g

● 小麦粉・サラダ油
● 塩・こしょう

❶ さやいんげんは筋を除いてゆでる。セロリは筋を取り、さやいんげんと同じ大きさに切る。

❷ 牛肉の¼量を少し重なるように広げて軽く塩、こしょうし、①の¼量を芯にして巻く。同様にして残りも巻き、小麦粉を薄くまぶす。

❸ フライパンにサラダ油大さじ1½を熱し、②の表面を焼きつけ、蒸し焼きにして火を通し、カッコ内の材料をからめ、食べやすく切る。

❹ さやえんどうは筋を取って半分に切り、サラダ油少々でいためて軽く塩をふり、③に添える。

（田口）

元気のでる主菜

かじきまぐろのマヨネーズ焼き

マヨネーズとみそは案外相性のよいもの。
いつものみそ漬け焼きに飽きたときに。

材料〈4人前〉	
かじきまぐろ	(大) 2切れ
Ⓐ 酒	大さじ½
しょうゆ	〃 ½
Ⓑ マヨネーズ	大さじ3
みそ	小さじ1½
牛乳	〃 2
みょうが	3コ
青のり粉	少々
●サラダ油	

176 kcal

❶ かじきまぐろは半分に切り、Ⓐにつけ、上下を返しながら5～6分間おき、味をなじませる。
❷ みょうがはせん切りにし、水にさらしてアク抜きする。
❸ 大きめに切ったアルミ箔にサラダ油を薄くぬり、①を並べてオーブントースターで4～5分間焼く。
❹ ③の表面に出てきた水けをふき、Ⓑを混ぜてたっぷりとぬり、さらに4～5分間焼いて表面に薄い焼き色をつける。
❺ ④を食べやすく切って器に盛り、青のり粉をふる。②の水けをよくきって添える。

(田口)

さわらの焼きびたし

つけ焼きや、煮魚とは一味違ったおいしさ。
冷めても味がよいので、前夜につくっても。

96 kcal

材料〈4人前〉

さわら	4切れ
つけ汁	
昆布酒じょうゆ※	大さじ3
みりん	〃 1
砂　糖	小さじ1½
●塩	

※昆布30gを弱火で空いりし、しょうゆカップ2、酒カップ1を合わせた中につけ、瓶に入れて保存する。

❶ さわらは半分に切り、両面に塩少々をふり、皮を下にしてざるにのせ、約30分間おく。

❷ なべにつけ汁の材料を合わせ、一煮立ちさせる。

❸ ①の表面に出た水けをふき取り、皮のほうからじか火焼きにし、裏返して中まで火を通す。

❹ 焼きたての③を②に浸し、味を含ませる。

（松本）

蒸し帆立て貝の甘辛いため

小麦粉をまぶして焼くので、たれがよくなじみ、コクと照りが出ます。

147 kcal

材料〈4人前〉	
蒸し帆立て貝	(小)12コ
生しいたけ	4枚
しょうゆ	大さじ2
酒	〃 2
水	〃 2
砂糖	〃 1
みりん	〃 1
いりごま(黒)	少々
●サラダ油・小麦粉	

❶ 蒸し帆立て貝は水けをふく。

❷ 生しいたけは軸を取り、カサに細かい格子状の飾り包丁を入れる。

❸ フライパンにサラダ油大さじ1を熱し、①に小麦粉を薄くまぶして入れ、両面をサッと焼いて取り出す。同じフライパンにサラダ油大さじ1/2を足して熱し、②を並べ入れ、両面に焼き色をつけて取り出す。

❹ ③のフライパンにカッコ内の材料を煮立てて③の帆立て貝としいたけを戻し入れ、手早く味をからめ、いりごまをふって器に盛る。(田口)

じゃことトマトのオムレツ

ちりめんじゃこを味出しに使った、ユニークな
オムレツ。野菜もたっぷりで栄養満点。

材料〈4人前〉	
卵	8コ
ちりめんじゃこ	80g
トマト(完熟)	(大)1コ
ピーマン	2コ
パセリ(みじん切り)	適量
トマトケチャップ	大さじ1
プロセスチーズ	適量
レタス	〃
クレソン	〃
●バター・サラダ油	
●塩・こしょう	

567 kcal

❶ ピーマンはヘタ、種を取り、せん切りにする。トマトは種を除いて小さな角切りにする。

❷ フライパンにバター、サラダ油各大さじ1を熱し、❶を順に加えていため、トマトケチャップ、ちりめんじゃこ、パセリ、塩、こしょう各少々を加えてサッと混ぜ、取り出す。

❸ 卵は割りほぐし、塩、こしょう各少々を加えてよく混ぜる。

❹ ❷のフライパンを洗い、バター大さじ1/2を熱し、❸の1/4量を流して強火にし、大きく7〜8回かき回したら弱火にし、ほどよく半熟状になったら❷の1/4量を中央にのせ、半分に折って皿に取る。同様にして残り3人前も焼き、チーズ、レタス、クレソンを添える。

(上野)

元気のでる主菜

納豆とひき肉のオムレツ

いためた納豆の香ばしいおいしさにビックリすること請け合い。パンにもご飯にもよく合います。

672 kcal

材料〈4人前〉

卵	8コ
納豆	100g
豚ひき肉	100g
たまねぎ	½コ
トマト(完熟)	(大)1コ
トマトケチャップ	大さじ1
しょうゆ	小さじ½
ウスターソース	〃 ½
あさつき(小口切り)	適量

● バター・サラダ油
● 塩・こしょう

❶ 納豆は熱湯にサッと通して粘りを除き、ざるに取って軽く水洗いし、水けをよくきる。

❷ たまねぎはみじん切りに。

❸ トマトは種を除き、水けをよくきって粗みじんに切る。

❹ フライパンにバター大さじ1、サラダ油大さじ2を熱し、②を入れて中火ですき通るまでいため、ひき肉を加え、塩、こしょう各少々で調味し、ポロポロになるまでよくいためる。

❺ ④に①、③を順に加えていため、カッコ内の調味料を加えて味がなじむまでいため、取り出す。フライパンは洗い、ごく弱火にかけて温めておく。

❻ ボウルに卵を割りほぐし、塩、こしょう各少々を混ぜる。

❼ ⑤のフライパンにバター大さじ½を入れてほんの少しだけ焦がし、⑥の¼量を流し入れて強火にし、フライパンを揺り動かしながら、フォークの背

76

で大きくかき回すようにして、卵に柔らかいひだをつくり、表面がまだ半熟状のところに⑤の具の1/4量をのせ、火を止める。
❽ 皿に取り出し、あさつきの小口切り少々をふる。⑦と同様にしてあと3人前をつくる。
メモ たまねぎをよくいため、甘みが出たところにひき肉を加えて香ばしくいためると、うまみがよく出る。
具にあさつきの小口切りを混ぜ、普通のオムレツ形に焼いてもよい。

（上野）

元気のでる主菜

温泉卵

黄身が半熟で白身がトロリと柔らかい不思議なゆで卵。夏は冷やして食べましょう。

材料〈2人前〉
卵 ……………………… 2コ
貝割れ菜 ………………… 適量
おろししょうが………… 〃
●しょうゆ

80 kcal

① 卵は室温に戻しておく。
② 保温性のある耐熱性の器（土なべなど）に①を入れ、沸騰湯を卵の上2～3cmまで注いでふたをし、熱が逃げないように新聞紙などを重ねてのせ、そのまま4～5時間おく。
③ 貝割れ菜は根を取り、サッとゆでて水に取って冷まし、水けをきる。
④ 器に②を割り入れ、③、おろししょうがを添え、しょうゆで食べる。
メモ 65～70℃の湯を入れた魔法瓶に入れておいてもよい。前夜に用意しておくこと。

(鈴木)

ポパイエッグ

ほうれんそうのソテーに埋もれた目玉焼き。
ポパイのようにモリモリと力がつきそう。

材料〈4人前〉
卵 …………………… 4コ
ほうれんそう …………… 2ワ
●サラダ油
●塩・こしょう・しょうゆ

166 kcal

① ほうれんそうは、塩少々を加えたたっぷりの熱湯で堅めにゆで、水に取って冷まし、水けを絞り、根を除いて4～5cm長さに切る。

② フライパンにサラダ油大さじ2を熱して①をサッといため、塩、こしょう各少々、しょうゆ大さじ1で味をつけ、全体に広げて4か所にくぼみをつくり、それぞれに卵を割り入れ、ふたをして弱火で蒸し焼きにする。

メモ 目玉焼きにしょうゆ少々を落としても美味。卵の焼き加減は好みで。

（高城）

豆腐入り卵焼き

107 kcal

熱いうちに巻きすで巻き、輪ゴムで止めて形を整えます。好みでしょうゆをかけて。

材料〈4人前〉	
卵	4コ
だし	大さじ1
薄口しょうゆ	小さじ1
塩	少々
みりん	〃
豆腐（木綿）	¼丁
青じその葉	3枚
大根おろし	カップ½
梅　肉	1コ分
（梅干しの種を除き、包丁で細かくたたく）	
●サラダ油	

① 豆腐は4～5分間おいて自然に水きりし、ボウルに入れて泡立て器でつぶす。青じその葉はせん切りに。

② 別のボウルに卵を割りほぐし、カッコ内の材料を加えてよく混ぜ、①を加えてむらなく混ぜる。

③ 卵焼き器を熱してサラダ油を薄くひき、②を4～5回に分けて流し入れて、だし巻き卵を焼く要領であいたところに油をひきながら焼く。

④ ③を巻きすで巻いて形を整え、荒熱がとれたら食べやすく切る。

⑤ 大根おろしに梅肉を混ぜ、④に添える。

長芋入り梅納豆

●●●

長芋はビニール袋に入れてたたくのでおろすより簡単。温かいご飯にかけてどうぞ。

材料〈4人前〉	
納　豆	3パック
長　芋	200ｇ
梅干し	2コ
あさつき（小口切り）	適量
●酢・しょうゆ	

104 kcal

① 長芋は5〜6cm長さに切って皮をむき、薄い酢水にしばらくつけてアクとぬめりを取る。
② ①の水けをふいてビニール袋に入れ、中の空気を抜き、袋の上からすりこ木でたたきつぶす。少し粒が残るくらいがおいしい。
③ 納豆は大きければ包丁でたたく。
④ 梅干しは種を除いて包丁で細かくたたく。
⑤ ②、③を合わせてよくかき混ぜ、器に盛り、④をのせ、あさつきの小口切りを散らす。しょうゆ少々をかけて混ぜて食べる。

（以上／田口）

ふきと油揚げの当座煮

どこかホッとするおふくろの味の煮物も食卓にのせたいもの。よく煮含めてあるので、弁当にも。

材料〈4人前〉

ふき	200g
油揚げ	1枚
ちくわ	2本
だし	カップ2

- サラダ油
- 塩・砂糖・しょうゆ・みりん

104 kcal

❶ ふきはなべに入る長さに切り、まな板にのせ、たっぷりの塩をふって転がす。これを熱湯でサッとゆでて水に取り、手で皮をむいて3～4cm長さに切る。太ければ、さらに縦半分に切るとよい。

❷ 油揚げは熱湯をかけて油抜きし、短冊切りにする。ちくわは縦半分に切り、3～4cm長さに切る。

❸ なべにサラダ油大さじ1を熱し、①をよくいためてだしを注ぎ、②を加えて4～5分間煮る。砂糖大さじ1 1/2を加えて4～5分間煮て、しょうゆ、みりん各大さじ2を加え、時々上下を混ぜながら煮汁がなくなるまで煮含める。

(田口)

和風ラタトゥイユ

南フランス風の夏野菜の煮込み料理を和風にアレンジ。
野菜は手近にあるものを取り合わせてつくっても。

209 kcal

材料〈4人前〉

なす	4コ
にんじん	⅓本
生しいたけ	(小)6枚
ねぎ	2本
ピーマン	2コ
ピーマン(赤・黄)	各1コ
にんにく(みじん切り)	1かけ
トマト水煮(缶詰)	1缶(240g)
固形スープの素(砕く)	2コ
●サラダ油	
●薄口しょうゆ・こしょう	

❶ なすは皮をむき、2cm厚さのいちょう切りか半月切りにして水にさらし、水けをふく。

❷ にんじんは5mm厚さのいちょう切りにし、生しいたけは軸を除いて4等分に切る。ねぎは2cm長さのブツ切りにし、ピーマン3種はヘタと種を除いて2cm角に切る。

❸ なべにサラダ油大さじ3とにんにくのみじん切りを入れて弱めの中火でいため、香りが出たら①を加えてよくいため、サラダ油大さじ2を足し、②を加えてさらにいためる。

❹ ③にトマト水煮を缶汁ごと加え、固形スープの素、薄口しょうゆ小さじ2を加え、全体が柔らかくなるまで焦がさないように弱火で煮て、最後にこしょう少々をふる。(栗原)

まつたけ

えのきだけ

しめじ

きのこのソテー5種

きのこのそれぞれの持ち味を生かしたソテー。
日替わりで味わってみてはいかが？

60 kcal

材料〈4人前〉	
まつたけ …………100g	マッシュルーム ……100g
すだち（半分に切る）…1コ	にんにくの薄切り2～3枚
生しいたけ ………100g	しめじ…………………100g
あさつき（ブツ切り）…2本	にんにくの薄切り2～3枚
えのきだけ ………100g	赤とうがらし（せん切り）
にんにくの薄切り2～3枚	………………………少々
赤とうがらし（小口切り）	オリーブ油……………適量
………………………少々	●バター　●塩・こしょう

❶ きのこ5種は石づきや軸を除き、薄い塩水でサッと洗って水けをよくきる。

❷ まつたけは薄切り、えのきだけ、マッシュルームは薄切り、しめじはほぐす。生しいたけは手で縦に食べやすく裂く。

❸ まつたけはバター大さじ1弱でサッといため、塩、こしょう各少々で調味し、器に盛ってすだちを添える。

❹ 生しいたけはオリーブ油少々でいため、あさつきのブツ切りを加えてサッといため、塩、こしょう各少々で調味する。

❺ えのきだけ、マッシュルーム、しめじは、それぞれカッコ内のにんにくや赤とうがらしをオリーブ油少々でいためて香りを出したところに加えてサッといため、塩、こしょう各少々で調味する。

メモ きのこは水を吸収するので、洗うときは手早く。（本谷）

さやいんげんのじかいため

下ゆでなしでいためて、濃いめの味に仕上げます。
炊きたてのご飯に最高です。

材料〈4人前〉	
さやいんげん	300g
酒	大さじ1強
しょうゆ	〃 1強
砂糖	小さじ½
削りがつお	1パック(5g)
●サラダ油	

70 kcal

❶ さやいんげんはヘタと筋を取り、長さを2つ～3つに切る。

❷ 削りがつおは小なべに入れて弱火で軽くいりつけ、香ばしさを出す。

❸ フライパンにサラダ油大さじ1½を熱し、①を入れてやや弱めの中火でいためる。さやいんげんが太くて火が通りにくい場合は、水少々を加えるとよい。

❹ ③にカッコ内の材料を加え、味をからめるように、汁けがなくなるまでいため、②を加えて全体にまぶしつけ、器に盛る。冷めてもおいしい。

(大久保)

高菜漬けと
わかめのいため物

わかめと油揚げを加えたらいためすぎないようにするのがこつ。好みで白ごまをふってもおいしい。

103 kcal

材料〈4人前〉	
高菜漬け	100ｇ
わかめ（戻したもの）	60ｇ
油揚げ	2枚
しょうゆ	大さじ1
酒	〃 1
みりん	〃 1
七味とうがらし	少々
●サラダ油	

❶ 高菜漬けは1cm幅に切り、水につけて少し塩けが残るくらいまで塩抜きし、水けを絞る。

❷ わかめは堅い筋を除き、1cm幅に切る。

❸ 油揚げは熱湯をかけて油抜きし、縦2等分して1cm幅の短冊に切る。

❹ フライパンにサラダ油大さじ1/2を熱して❶をいため、❷、❸を加え、カッコ内の材料を加えて手早く味をつけ、好みで七味とうがらしをふる。（田口）

野菜たっぷりの副菜

温野菜サラダ

ゆで野菜は消化もよく、量もたっぷり食べられます。
香りのよいねぎ油が食をすすめること請け合いです。

材料〈4人前〉	
キャベツ	1/3コ
かぼちゃ(冷凍)	200g
グリーンアスパラガス	1/2ワ
ごぼう	1/2本
さやえんどう	20枚
トマト	1コ
わかめ(乾)	5g
ねぎ油※	
｛ ねぎ(白い部分)	2本
｛ サラダ油	カップ1
●塩・しょうゆ	

※ねぎを粗みじん切りにしてサラダ油につけ込んだ自家製の便利調味料。材料はつくりやすい分量なので、でき上がり大さじ1～2を使う。冷蔵庫に保存し、風味のよいうちに使いきるようにする。4～5日間が目安。

113 kcal

❶ わかめは水で柔らかく戻して食べやすく切る。

❷ キャベツは熱湯でゆでてざるに上げ、一口大に切る。

❸ 冷凍のかぼちゃはラップフィルムで覆い、電子レンジ(500W)に約5分間かけ、一口大に切る。

❹ グリーンアスパラガスは根元の堅い部分を少し切り落としてはかまを取り、ラップフィルムで覆って電子レンジで約1分間加熱し、水に取って冷まし、食べやすく切る。

❺ ごぼうは皮をこそげて大めのささがきにし、水にさらしてアク抜きし、熱湯でサッとゆでてざるに上げる。

❻ さやえんどうは筋を取り、色よく塩ゆでする。

❼ トマトはくし形に切る。

❽ 器に①～⑦を彩りよく盛り合わせ、ねぎ油大さじ1～2をかけ、しょうゆ適量をふる。

メモ 野菜はほかのものでもよい。残り野菜や冷凍野菜を気軽に組み合わせて。

(栗原)

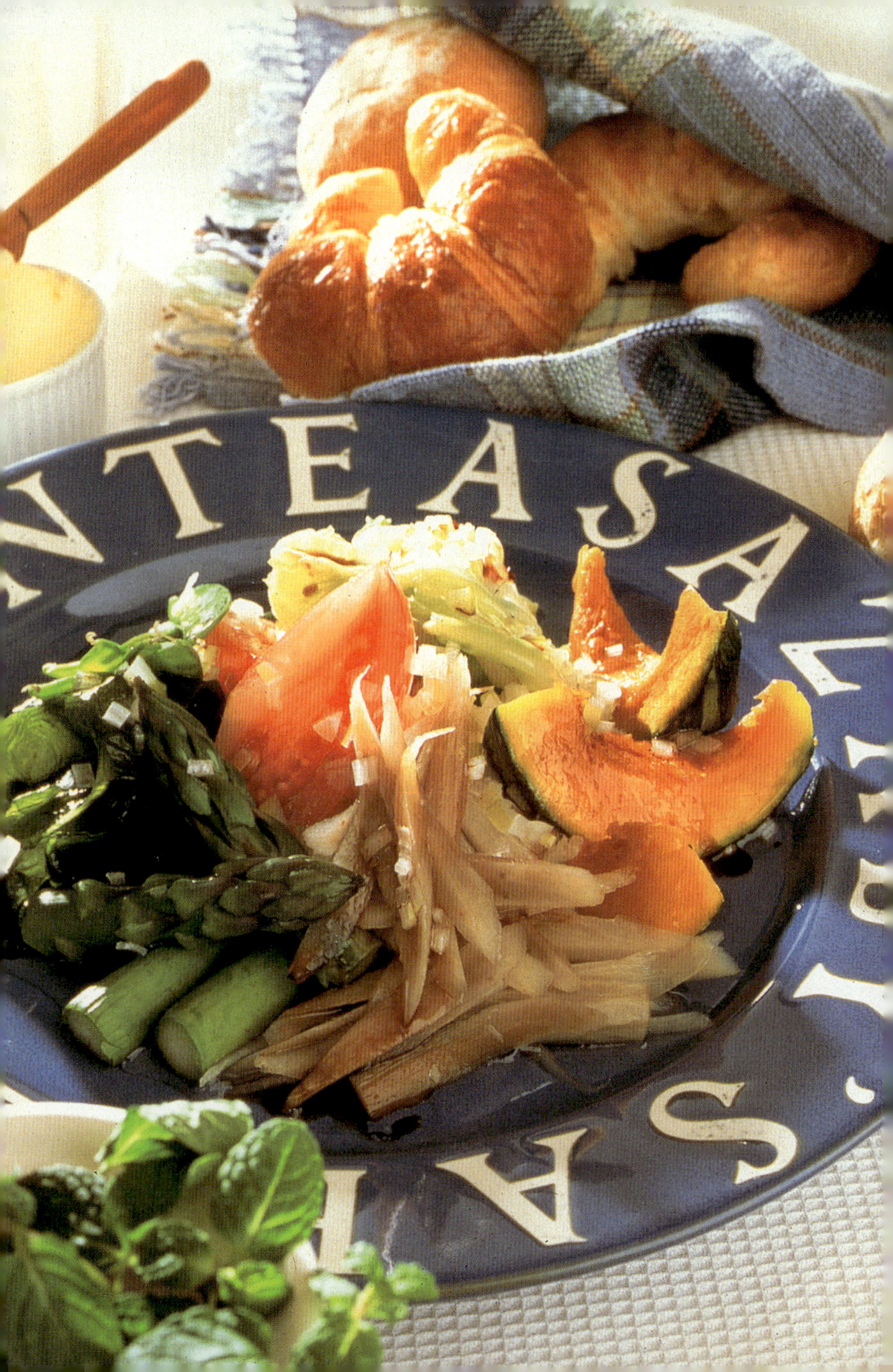

野菜たっぷりの副菜

長芋サラダ

加熱した長芋はホクッとした口当たり。
すぐに火が通る、うれしい素材です。

材料〈4人前〉
長芋　　　　　　　300g
｛マヨネーズ…大さじ3〜4
しょうゆ………小さじ2
あさつき(小口切り)
2〜3本

120 kcal

❶ 長芋は皮ごとよく洗ってビニール袋に入れ、口をゆるく閉じて電子レンジ(500W)に約6分間かけ、くしを刺してスーッと通るようになったら皮を包丁でむき、7〜8mm厚さの輪切りにする。

❷ 器に盛り、カッコ内の材料をよく混ぜてかけ、あさつきをふる。

メモ　皮は加熱してぬめりがなくなってからむくほうが簡単。

(有元)

トマトときゅうりの 和風サラダ

● ● ●

じゃこ入りのドレッシングが新鮮なおいしさ。
ご飯のおかずにもなるサラダです。

137 kcal

材料〈4人前〉
トマト ………………(小) 3コ
きゅうり …………………… 2本
青じその葉 ………………… 6枚
ちりめんじゃこ ……………30g
ドレッシング
┌ レモン汁 …… 大さじ½〜1
│ しょうが汁 ……… 小さじ1
┤ しょうゆ ………… 〃 2
│ サラダ油 ………… 大さじ3
└ いりごま(白) …… 〃 1
●サラダ油
●塩

① トマトはヘタを取って横半分に切り、8等分のくし形切りにする。
② きゅうりは皮をところどころむいて乱切りにし、塩少々をふってしんなりさせる。
③ 青じその葉はせん切りにする。
④ フライパンにサラダ油少々を熱してちりめんじゃこを入れ、弱火で香ばしくいため、火を止める。
⑤ ④にドレッシングの材料を加えてサッと混ぜる。
⑥ ①〜③を合わせて器に盛り、上から⑤をかける。

(田口)

野菜たっぷりの副菜

クレソンと
アルファルファのサラダ

●●●

大人向きのしゃれた味。基本のドレッシングのつくりおきがあれば、もっと簡単です。

60 kcal

材料〈4人前〉

クレソン	2ワ
アルファルファ	1パック
基本のドレッシング※	
┌ サラダ油	カップ2/3
│ 酢	〃 1/3
│ 塩	小さじ1弱
│ こしょう	少々
└ おろしにんにく	2かけ分
いりごま(白)	適量
●しょうゆ	

※でき上がり約カップ1の分量。大さじ3～4を使い、残りはあき瓶などに入れて冷蔵庫で保存する。使うときにたまねぎのみじん切り、カレー粉、ドライハーブなどを好みで混ぜると違った味が楽しめる。

❶ クレソンは葉だけを摘み、冷水につけてパリッとさせ、水けをきる。
❷ アルファルファは冷水でサッと洗ってざるに上げ、水けをよくきる。
❸ 基本のドレッシングをつくる。ボウルにサラダ油以外の材料を合わせ、サラダ油を糸のように細く加えながら、泡立て器でよく混ぜる。
❹ ①、②を器に盛り、③にしょうゆ少々といりごまを混ぜてかける。

(有元)

コールスロー

前日につくって冷蔵庫に入れておくと、
味がよくなじみ、翌朝おいしく食べられます。

78 kcal (1/6量)

材料〈4〜5人前〉

キャベツ	½コ
にんじん	⅓本
たまねぎ	½コ
ドレッシング	
⎧ サラダ油	大さじ2
｜ ワインビネガー	〃 2
⎨ 砂糖	小さじ1
｜ 顆粒スープの素	少々
⎩ 黒こしょう	〃
●塩	

❶ キャベツは堅い芯の部分を除き、1cm幅に切る。

❷ にんじんは5mm幅の薄切りにし、たまねぎは縦半分に切って5mm幅に切る。

❸ ボウルに①、②を入れ、塩小さじ½をふって軽く混ぜる。

❹ ③の野菜から水けが出ないうちにドレッシングの材料をよく混ぜて加え、軽くあえて味がなじむまで冷蔵庫に入れておく。

（栗原）

野菜たっぷりの副菜

ミニトマトの
からしみそあえ

● ● ●

ちょっと意外な取り合わせですが、これがなかなかの味。みそは必ず甘口の白みそで。

材料〈4人前〉	
ミニトマト	16コ
あえ衣	
からし(粉)	小さじ½
白みそ(甘口)	大さじ2
卵黄	½コ分
●酒	

35 kcal

❶ ミニトマトはヘタを除き、縦2等分に切る。
❷ からしはぬるま湯少々で溶き、白みそ、卵黄を加えてよく練り合わせ、堅ければ酒少々を加えてトロリとさせる。
❸ 食べる直前に①を②に入れてあえる。

メモ ミニトマトは直前まで冷やしておく。普通のトマトを使って同じようにつくってもおいしい。

（後藤）

ゆでなすの酢みそあえ

特製の酢みそはゆで野菜、生野菜、蒸し鶏などに合うので、つくりおきすると重宝します。

45 kcal

材料〈4人前〉

- なす……………4コ
- 酢みそ※
  - みそ………大さじ2強
  - おろしにんにく…1かけ分
  - 豆瓣醤(ドウバンジャン)
    ………小さじ½〜1
  - 酢……………大さじ1
  - 酒……………〃 1
  - 砂糖…………〃 1
  - ごま油………小さじ2
- ●塩

※材料はつくりやすい分量。でき上がり大さじ4〜5を使う。

❶ 酢みその材料をよく混ぜる。すり鉢ですり混ぜるか、ミキサーにかけるとなめらかに仕上がる。

❷ なすはヘタを取って縦四つ割りにし、薄い塩水に4〜5分間つけてアク抜きし、熱湯でサッとゆで、冷水に取って冷まし、水けを軽くきる。

❸ ②を食べやすい大きさに切って器に盛り、食べるときに①をかける。

(有元)

野菜たっぷりの副菜

じゃがいもとさやいんげんの粒マスタードあえ

粒マスタードを多めに加えて、ピリッと味を引きしめます。パンにはさんでもおいしい。

材料〈4人前〉	
じゃがいも	400g
さやいんげん	40g
ハム(薄切り)	60g
マヨネーズ	カップ⅓
粒マスタード	大さじ1
塩・こしょう	各少々
●塩・こしょう	

215 kcal

❶ じゃがいもは皮をむいて拍子木切りにし、水にさらしてアク抜きする。これを塩少々を加えた熱湯で形がくずれない程度に柔らかくゆで、ざるに上げ、塩、こしょう各少々をふって冷ます。

❷ さやいんげんはヘタ、筋を取って塩ゆでし、2～3cm長さに切る。ハムは短冊切りにする。

❸ ①、②を合わせ、カッコ内の材料であえる。

ほうれんそうの納豆あえ

● ● ●

ご飯党の朝の定番素材をちょっと目先をかえた一品に。
いつもの食べ方に飽きたときに、試してみては。

材料〈4人前〉
ほうれんそう …………100ｇ
納　豆……………………60ｇ
の　り……………………½枚
溶きがらし……………少々
●しょうゆ

39 kcal

❶ ほうれんそうは熱湯で色よくゆでて水に取り、水けを絞り、根元を少し切り落として1㎝長さに切る。
❷ 納豆はボウルに入れてはしでかき混ぜ、粘りが出たらしょうゆ大さじ1で味をつけ、①を加えてあえる。
❸ のりはじか火でサッとあぶってもみのりにし、②に加えてサッと混ぜ、器に盛り、溶きがらしをのせる。

（以上／田口）

にらのしょうがみそあえ

にらはゆでると甘みが増して一段とおいしくなります。
いためるのと違ってにおいも気になりません。

70 kcal

材料〈4人前〉
に　ら ……………… 2ワ(200g)
豚もも肉(薄切り) ……… 100g
しょうがみそ
おろししょうが
……………… 小さじ1½
み　そ …… 大さじ1～1½
酒 ………………… 〃　1
しょうゆ ……… 小さじ1
砂　糖 ………… 〃　1½
ごま油 ………… 〃　1½
●塩

❶ 豚肉は塩少々を加えた熱湯でゆでて細切りにする。

❷ にらは根元を少し切り落とし、①をゆでた熱湯に根元から入れてゆで、緑色が鮮やかになったらすぐにざるに取って流水をかけて冷まし、水けを絞って2～3cm長さに切る。

❸ ボウルにしょうがみその材料を合わせてよく混ぜ、①、②を入れてサッとあえ、器に盛る。

メモ　しょうがみそは甘めのほうがおいしいので、みそは塩分が強いようなら少なめに加える。

(大久保)

セロリとしらすの香りあえ

食物繊維とカルシウムが豊富なはし休め。
熱いごま油をかけて香りを引き出します。

材料〈4人前〉
セロリ………2本(約300g)
しらす干し(やや堅干しのもの)……………………40g
ねぎ(みじん切り)…大さじ2
しょうが(〃)小さじ2
●ごま油
●塩・しょうゆ

60 kcal

❶ セロリは茎と葉に切り分け、茎の太い部分は縦四つ割りにする。

❷ 塩少々を加えた熱湯に①の茎の部分を入れて少しゆで、すぐに葉の部分を加えてサッとゆで、水に取って冷まし、水けを絞って小口切りにする。

❸ ボウルに②、しらす干し、ねぎとしょうがのみじん切りを合わせ、塩小さじ1/3、しょうゆ大さじ1をふりかける。

❹ ごま油大さじ1を煙が立つほどよく熱し、③の上からジャッと回しかけ、全体をよく混ぜる。 (足立)

野菜たっぷりの副菜

マッシュルームのマリネ

マッシュルームを色白に仕上げる秘けつは
ゆで湯に加えるレモン。風味もよくなります。

128 kcal

材料〈4人前〉

マッシュルーム
　………2パック(200g)
｛レモンの薄切り(国産)
　　………………3～4枚
　塩………………少々
赤ピーマン………5コ
ドレッシング
｛酢………………大さじ1
　サラダ油またはオリーブ油
　　………………〃　4
　塩………………小さじ1/3
　こしょう………少々
　砂糖……………ひとつまみ
バジル(乾)………適量

❶ マッシュルームは石づきを取って縦二つ割りにする。

❷ 沸騰湯にレモンの薄切りと塩を加え、①を入れて3～4分間ゆで、ざるに上げて水けをきる。

❸ 赤ピーマンは縦割りにして種を除き、横1cm幅に切り、熱湯でサッとゆでてざるに取り、冷ます。

❹ ボウルにドレッシングの材料を入れて泡立て器でよく混ぜ、バジルを混ぜる。ここに②、③をつけ込み、味がなじむまでおく。冷蔵庫で3～4日間保存できる。

セロリの
はちみつレモン漬け

ピクルスよりあっさりした味。サラダ感覚で
いくらでも食べられます。

42 kcal

材料〈4人前〉	
セロリ	200g
ラディッシュ	3コ
レモン	½コ
｛はちみつ	大さじ2
｛レモン汁	〃　1½
サラダ菜	3〜4枚
●塩	

❶ セロリは葉を切り落として筋を取り、斜め3〜4mm幅に切る。ラディッシュは薄い輪切りにする。これを合わせて塩少々をふり、しんなりするまでおく。

❷ レモンは皮をむき、薄い半月切りにする。

❸ ①の水けをきって②と合わせ、はちみつとレモン汁をよく混ぜてかけ、あえる。サラダ菜を敷いた器に盛る。

（以上／田口）

あると便利な常備菜

鶏レバーとこんにゃくの煮物

鉄分やビタミン類がたっぷりのおかず。
体調を整えてくれる、うれしい一品です。

380 kcal（全量）

材料〈つくりやすい分量〉

鶏レバー	250g
こんにゃく	1枚
しょうが（薄切り）	10g
しょうゆ	大さじ2
みりん	〃 1
みそ	小さじ1
砂糖	大さじ2/3～1

● 塩・酒

❶ 鶏レバーは黄色い脂肪と筋を除き、一口大に切って塩を多めにふってよくもみ、水洗いして水けをふく。

❷ こんにゃくも塩をふってもみ、水洗いして表面に浅い切り目を入れ、2～3cm角に切る。

❸ 熱湯に①を入れ、2～3分間ゆでてざるに上げ、②も別の湯でゆでる。

❹ なべに水カップ1と1/2と酒適量、しょうがを入れて約5分間煮る。

❺ ④にカッコ内の材料を入れ、落としぶたをして、弱火で煮汁がほとんどなくなるまで煮る。

メモ 冷蔵庫で4日間はもつ。（田口）

牛肉のしぐれ煮

しょうゆの味と香りをきかせたつくだ煮風の煮物は、
ご飯にぴったりのおかず。しょうがが味の決め手です。

材料〈つくりやすい分量〉

牛もも肉(薄切り)……200g
しょうが…………(大)1かけ
●みりん・酒・しょうゆ

320 kcal（全量）

① 牛肉は3cm長さに切る。

② しょうがは皮をむいて細切りにする。

③ なべにみりん、酒、しょうゆ各大さじ2を入れて煮立て、①と②を加えて、煮汁がほとんどなくなるまで、時々かき混ぜながら中火で煮る。

メモ 牛の脂は冷えると固まるので、脂の少ない赤身でつくること。冷蔵庫で5〜6日間保存できる。（有元）

合いびき肉と豆のカレー煮

食欲のないときでも食べられる栄養バランスのよい一品。
チリペッパーをちょっぴり加えるのがこつ。

1460 kcal（全量）

材料〈つくりやすい分量〉

合いびき肉	250g
大豆水煮(缶詰)	カップ1
トマト水煮(缶詰)1缶	(200g)
グリンピース(冷凍)	カップ½
にんにく(二つ割り)	1かけ
たまねぎ(みじん切り)	150g
スープ	カップ3
ローリエ	½枚
カレー粉	大さじ2½
トマトケチャップ	〃 1½
チリペッパー	小さじ½

- サラダ油
- 塩・こしょう

❶ 大豆水煮は缶汁と実に分け、種を取ってザク切りにする。トマト水煮は缶汁と実に分け、種を取ってザク切りにする。グリンピースは解凍する。

❷ なべにサラダ油大さじ2を熱し、にんにく、たまねぎの順にいため、合いびき肉を加えてポロポロになるまでいため、スープを加える。煮立ったらアクを取り、①の大豆とトマト、トマトの缶汁、ローリエ、カッコ内の材料を加え、弱火で約20分間煮る。

❸ ②に①のグリンピースを加え、塩、こしょう各少々、チリペッパーで調味し、さらに10分間ほど弱火で煮る。冷めてから冷蔵庫に保存。4〜5日間はもつ。

鶏ひき肉と昆布の実ざんしょう風味煮

実ざんしょうの香りを生かした和風のおかず。
コトコト煮て昆布のうまみを含ませます。

628 kcal（全量）

材料〈つくりやすい分量〉

鶏ひき肉	200g
昆布	20cm
実ざんしょう	小さじ1〜2
Ⓐ { 酢	大さじ½
酒	〃 2
Ⓑ { しょうゆ	大さじ2½
みりん	〃 1
砂糖	〃 1½

❶ 昆布は水約カップ3につけて戻し、2cm角に切る。戻し汁カップ2½はだしに使う。

❷ なべに①の戻し汁と鶏ひき肉を入れて火にかけ、はしでよくさばく。沸騰したら火を弱めてアクを取り、①の昆布、実ざんしょう、Ⓐを加え、落としぶたをして15〜16分間煮る。

❸ ②にⒷを加え、弱火でさらに昆布が柔らかくなるまで煮る。

メモ 実ざんしょうがない場合は塩漬けを使ってもよい。その場合はしょうゆを控えること。冷蔵庫で4〜5日間は保存可能。

（以上／田口）

あると便利な常備菜

材料〈つくりやすい分量〉

かつおそぼろ
削りがつお…………カップ1
煮汁
- 昆布酒※………カップ¼
- しょうゆ………大さじ3
- 砂糖……………小さじ1
- 水………………カップ¼

※ 酒カップ1に、昆布10cm角1枚の割合で浸しておいたもの。だしのきいた調理酒になり、昆布もよい味になるので、煮魚をつくるとき魚に敷いたり、つくだ煮に利用するとよい。

134 kcal（全量）

しいたけそぼろ
干ししいたけ…(大)4〜5枚
煮汁
- 昆布酒…………カップ½
- 砂糖……………大さじ3
- しょうゆ………〃 2
- 塩………………少々

231 kcal（全量）

鶏そぼろ
鶏ひき肉……………100g
煮汁
- 昆布酒…………大さじ3
- しょうゆ………〃 1
- 砂糖……………〃 2
- 塩………………少々
- 水………………カップ¼

423 kcal（全量）

かつおそぼろ

削りがつおは紙袋の中に入れ、両手でもみほぐして粉状にし、なべに入れて弱火にかけ、空いりする。煮汁の材料を加え、やや弱い火で汁けがなくなるまで煮る。

しいたけそぼろ

干ししいたけは水カップ1強につけて戻し、軸を取ってみじん切りにし、戻し汁はこす。これをなべに入れ、煮汁の材料を加えて、弱火で汁けがなくなるまで煮詰める。

鶏そぼろ

なべに鶏ひき肉と煮汁の材料を入れ、はし4〜5本でよく混ぜる。これを弱火にかけ、煮汁がほぼなくなるまで絶えずかき混ぜながら煮る。

（以上／中村）

かつおそぼろ

しいたけそぼろ

鶏そぼろ

そぼろ3種
● ● ●
弁当のおかずにしたり、みつばなどの青みを
加えて卵焼きの具にしたり、使いみちはいろいろ。

あると便利な常備菜

さけの
だし割りしょうゆ漬け

720 kcal（全量）

甘塩のさけをから揚げにしてつけ込む、和風の
マリネ。2〜3日間はおいしく食べられます。

材料〈つくりやすい分量〉

紅ざけ（甘塩）……（大）3切れ
しょうが………………5g
┌ だ し……………大さじ3
│ 薄口しょうゆ……〃 1
│ みりん………………少々
│ 酢………………大さじ1½
└ 塩・砂糖…………各少々
● 小麦粉・揚げ油

❶ 紅ざけは食べやすい大きさのそぎ切りにする。しょうがは皮をむいてせん切りにする。
❷ ①のさけに小麦粉を薄くまぶし、170℃に熱した揚げ油に入れてカラリと揚げ、油をきる。
❸ カッコ内の材料を合わせ、①のしょうがを加えて、揚げたての②をつけ込む。時々上下を返して20分間以上おき、味をなじませる。（田口）

かつおの角煮
●●●

刺身が残ったときや血合い部分のおいしい調理法です。
しょうがをきかせて濃いめの味に仕上げるのがこつ。

材料〈つくりやすい分量〉
かつお(切り身)……300g
しょうが……………1かけ
酒……………大さじ4
しょうゆ………… 〃 4
みりん………… 〃 4
木の芽……………少々

520 kcal（全量）

❶ かつおは一口大の角切りにし、色が変わる程度にサッと熱湯に通し、すぐ水に取って冷やし、水けをきる。

❷ しょうがは皮をこそげて薄切りに。

❸ なべにカッコ内の材料を入れ、②を加えて強火にかけ、煮立ったら①を加える。再び煮立ったら中火にし、落としぶたをして、時々煮汁をかけながら、汁けがほとんどなくなるまで煮る。食べるときに木の芽を散らす。

メモ 冷めてから密封容器に入れ、冷蔵庫で保存すると3〜4日間はもつ。

（清水）

あると便利な常備菜

えびのカレーボイル

340 kcal（全量）

ピリッとしたカレー味が、食欲を増進させてくれます。夏の日にうれしい一品。

材料〈つくりやすい分量〉
- えび（殻つき）……………16匹
- たまねぎ…………………¼コ
- セロリ……………………適量
- レモンの薄切り（国産）…2枚
- スープ……………カップ1
- カレー粉…………小さじ1
- 塩…………………少々
- 白ワイン…………大さじ1
- ●塩

❶ えびは薄い塩水で洗い、背ワタを取って尾を一節残して殻をむく。

❷ たまねぎは薄切り、セロリは筋を取って半分に割る。

❸ なべにカッコ内の材料とレモンの薄切り、②の野菜を入れて煮立て、①を加えてふたをし、火をやや弱めて6〜7分間ゆで、そのまま冷ます。

メモ サラダやピラフに加えても美味。冷めたら食べられるが、冷蔵庫に保存しておくと、2〜3日間はおいしく食べられる。

（田口）

身欠きにしん煮

甘辛く煮た、昔ながらの常備菜です。米のとぎ汁やほうじ茶などで、渋みやアクを除くのがこつ。

材料〈つくりやすい分量〉

身欠きにしん	(小) 6本
米のとぎ汁	適量
ほうじ茶(または番茶)	カップ2
だし	カップ1
酒	〃 ½
三温糖	大さじ4
●しょうゆ	

540 kcal (全量)

❶ 身欠きにしんは頭を除き、米のとぎ汁につけて一晩冷蔵庫に入れる。

❷ ①の水けをきり、ほうじ茶に入れて5分間ゆで、軽く水洗いして食べやすい大きさに切る。

❸ ②をなべに入れ、カッコ内の材料を加えて落としぶたをし、弱火で約10分間煮る。

❹ ③にしょうゆカップ2/5を加え、さらに弱火で15分間煮てそのまま冷ます。好みで粉ざんしょうをふって食べる。冷蔵庫に入れておけば1週間はもつ。

(桑原)

あると便利な常備菜

ひじきの煮物

ごま油でいため煮にした、昔ながらのおかず。
体調を整えてくれる、体にやさしい一品です。

材料〈つくりやすい分量〉
ひじき（乾）……………30g
干ししいたけ………2〜3枚
にんじん…………（小）1本
こんにゃく………………⅓枚
油揚げ……………………1枚
しょうが…………………少々
●ごま油
●砂糖・薄口しょうゆ・酒

280 kcal（全量）

❶ 干ししいたけは柔らかく戻す。ひじきも水で戻し、水けをきる。

❷ にんじん、こんにゃく、油揚げはそれぞれ3㎝長さの細切りにし、①の干ししいたけは軸を取って薄切りにし、しょうがはせん切りにする。

❸ なべにごま油大さじ1を熱し、水けをきった①のひじきを軽くいためて②の材料を加え、全体をいため合わせる。

❹ ③に砂糖小さじ1、薄口しょうゆ、酒各大さじ2、水カップ⅔を加え、汁けがほんの少し残るくらいまで煮る。

（檀）

たけのこのつくだ煮風

安くなった、しまいのたけのこや、姫皮、根元の堅い部分を使ってつくります。

材料〈つくりやすい分量〉

ゆでたけのこ（姫皮や根元などの部分）……200〜300g
- みりん……………大さじ4
- 酒………………… 〃 4
- しょうゆ…………カップ¼

削りがつお…1パック（5g）
たまりじょうゆ……大さじ2
木の芽………………適量

240 kcal（全量）

❶ たけのこはザク切りにする。

❷ なべにカッコ内のみりんと酒を入れて煮立て、しょうゆと①、削りがつおを加えて軽く混ぜる。

❸ ②を弱めの中火にし、ふたをして約10分間煮て、汁けが少なくなったらたまりじょうゆを加えて、汁けをとばすようにいり煮する。

❹ 木の芽を刻み、器に盛った③に散らす。

メモ つくりたてでも冷めてもおいしい。密封して冷蔵庫に入れておけば1週間はもつ。

（桑原）

たらこのふりかけ

たらこが余分にあるときにつくっておくと便利。
酒を加えて、中火でカラカラにいりつけます。

材料〈つくりやすい分量〉
たらこ……………………1腹
もみのり…………………適量
●酒

85 kcal
（全量）

❶ たらこは熱湯の中でしっかりとゆで、水けをよくきる。
❷ ①の皮を取り除き、フォークで細かくほぐす。
❸ 小なべに②を入れて酒小さじ1をふりかけ、中火でカラカラになるまでいりつける。
❹ ③を火から下ろし、よく冷ましてからもみのりを混ぜる。

メモ たらこだけでつくってもよく、白ごまをいって適量加えてもおいしい。冷蔵庫で10日間はもつ。

あると便利な常備菜

じゃこのふりかけ

パリッといりつけた、カルシウムたっぷりの一品。
塩けはじゃこの持ち味だけでじゅうぶん。

材料〈つくりやすい分量〉

ちりめんじゃこ…約カップ1
いりごま(白)………大さじ2
青のり粉…………小さじ2

214 kcal（全量）

❶ ちりめんじゃこはなべに入れ、中火にかけてゆっくりといり、水分をとばす。

❷ ①がパリッとしたら、いりごまと青のり粉を加え、ざっといって火を止め、すぐ器に移す。

メモ カチカチになるまでいりつけると堅くなるので、パリッとなる程度にいること。よく冷めてからふたをし、冷蔵庫に入れておくと10日間はもつ。

（以上／小林）

あると便利な常備菜

セロリの葉のふりかけ

捨ててしまいがちな葉だけを使ってつくります。
電子レンジを利用して、乾燥させるのがこつ。

材料〈つくりやすい分量〉
セロリの葉……………15g
ちりめんじゃこ…………20g
●しょうゆ

70 kcal（全量）

❶ セロリの葉は電子レンジ（600W）のターンテーブルの上に、じかにドーナツ状に広げ、そのまま約2分40秒間かける。火がつくことがあるので注意すること。
❷ ①がパリパリに乾いたら、ビニール袋に入れて細かくもみ、筋は取り除く。
❸ ちりめんじゃこにしょうゆ小さじ1/3を混ぜて、ターンテーブルに広げ、約2分間かける。
❹ ②と③を合わせる。
メモ 冷めてから冷蔵庫に保存すると約2週間はもつ。

（有元）

切り干し大根の酢漬け

梅干しの酸味をきかせた、さっぱりとした一品。
食欲のおとろえがちな真夏のおかずにぴったり。

940 kcal （全量）

材料〈つくりやすい分量〉

切り干し大根(戻して)	‥300g
にんじん	……50g
梅干し(甘塩)	……2コ
酢	…大さじ2
だし	〃 4
薄口しょうゆ	〃 1½
みりん	……少々
いりごま(白)	…大さじ1
●塩	

❶ 切り干し大根は水に20〜30分間つけて戻し、よく洗ってから熱湯に入れ、4〜5分間ゆでてざるに上げ、水けをきって食べやすく切る。

❷ にんじんは4〜5cm長さのせん切りにし、薄く塩をふってもみ、しんなりしたら水けを絞る。

❸ 梅干しは種を除いてたたき、カッコ内の材料と合わせ、①、②をあえて30分間以上おき、味をなじませてから器に盛り、いりごまをふる。

メモ つくりたてよりも、30分間以上おいたほうがおいしい。冷蔵庫で4〜5日間は保存できる。

（田口）

大根とにんじんの
甘酢漬け

セロリとたまねぎの
カレー漬け

キャベツのサラダ漬け

簡単ピクルス3種

残り野菜を利用した洋風の酢漬け。いずれも熱湯に通してからつけると、味がよくなじみます。

材料〈つくりやすい分量〉

大根とにんじんの甘酢漬け

大根	8cm
にんじん	4cm
Ⓐ 酢	カップ½
湯	〃 1
砂糖	大さじ2
塩	小さじ½
レモンの薄切り(国産)	少々

110 kcal（全量）

キャベツのサラダ漬け

キャベツ	3～4枚
きゅうり	1本
Ⓑ 酢	カップ¼
サラダ油	〃 ¾
塩	小さじ½
こしょう	少々
●塩	

390 kcal（全量）

セロリとたまねぎのカレー漬け

セロリ	½本
たまねぎ	½コ
Ⓒ 酢	大さじ3
湯	〃 1
カレー粉	小さじ1
砂糖	〃 1
塩	〃 ¼

45 kcal（全量）

大根とにんじんの甘酢漬け

❶ 大根とにんじんは皮をむいて1cm角、4cm長さの拍子木に切り、熱湯にサッとくぐらせて水けをきる。

❷ Ⓐの材料を合わせ、①が熱いうちにつけ込む。冷めたら食べられる。

メモ 密閉容器に入れ、冷蔵庫で保存すると1週間はもつ。

キャベツのサラダ漬け

❶ キャベツは2cm幅に切る。きゅうりは4cm長さに切って縦四つ割りにする。これらをざるに入れる。

❷ 塩少々を加えた熱湯を①に回しかけ、Ⓑの材料を合わせた中につけ込む。すぐ食べられるが、冷めてから冷蔵庫で保存すると3日間はもつ。

セロリとたまねぎのカレー漬け

セロリは筋を除いて4cm長さの薄切りにする。たまねぎも薄切りにする。これを熱湯にサッとくぐらせ、水けをきって、すぐⒸの材料を合わせた中につける。1時間おいて味をなじませてから食べる。冷蔵庫で保存すると1週間はもつ。（以上／井田）

あると便利な常備菜

キャベツと油揚げのみそ汁

●●●

みそ汁は煮えばながいちばん。みそを溶いたら
煮返さないで、みその風味を生かします。

材料〈2人前〉	
キャベツ	1枚
油揚げ	½枚
だし	カップ2½
みそ	50g

80 kcal

❶ キャベツは芯の堅い部分を除いて縦半分に切り、重ねてさらに縦半分に切ってから1cm幅に切る。

❷ 油揚げは熱湯を回しかけて油抜きをし、縦半分にしてから細切りにする。

❸ なべにだしと①を入れ、中火にかけて一煮立ちさせ、2分間煮て②を加え、さらに1分間ほど煮る。火を弱めてみそを溶き入れ、すぐに椀(わん)によそう。

メモ みそはだし少々で溶きのばしてから加えること。

(鈴木)

●みそ汁の実のバリエーション●

もやしと揚げ玉　80kcal

材料〈4人前〉　もやしカップ2／揚げ玉（市販）大さじ4／貝割れ菜1/2パック／だしカップ3 1/2／みそ大さじ3〜4／一味とうがらし少々

❶ もやしは水につけて洗い、水けをきる。貝割れ菜は根元を除き、2つに切る。
❷ だしを煮立てて①のもやしを入れ、みそを溶き入れて一煮立ちさせる。
❸ ②を椀に注ぎ、揚げ玉と貝割れ菜を等分して入れ、一味とうがらしをふる。

豚肉とほうれんそう　169kcal

材料〈4人前〉　豚薄切り肉200g／ほうれんそう5〜6株／みそ大さじ3〜4／七味とうがらし少々
●こしょう

❶ 豚肉は1cm幅に切る。ほうれんそうは3〜4cm長さに切る。
❷ なべに水カップ3 1/2と豚肉を入れて火にかけ、アクを除きながら約5分間煮てほうれんそうとみそを加え、一煮立ちさせる。椀に盛り、こしょう少々をふる。

かぶと油揚げ　57kcal

材料〈4人前〉　かぶ（小）3〜4コ／油揚げ1枚／だしカップ3 1/2／みそ大さじ3〜4／七味とうがらし少々

❶ かぶは茎少々をつけて8mm厚さの半月切りにする。茎と葉は3cm長さに切る。油揚げは縦半分に切って細切りに。
❷ かぶと油揚げ、だしを中火にかけ、かぶが柔らかくなったら茎と葉を加えみそを溶き入れ、一煮立ちさせる。椀に盛り、七味をふる。

(以上／清水)

きゅうりと卵のスープ

スープに薄くとろみをつけておくと、冷めにくく、澄んだスープに仕上がります。

材料〈4人前〉
きゅうり……………1本
レタス………………1枚
固形スープの素………1コ
溶き卵…………2コ分
レモン汁……………少々
水溶きかたくり粉…小さじ2
（同量の水で溶いたもの）
●塩・こしょう

50 kcal

❶ きゅうりは皮をしま目にむいて薄い輪切りにし、レタスは大きめの一口大にちぎり、スープの器に入れておく。

❷ 水カップ4と固形スープの素を煮立て、スープの素が溶けたら塩、こしょう各少々で味を調える。

❸ 一煮立ちしたら、水溶きかたくり粉でとろみをつけ、さらに一煮立ちさせて溶き卵を流し入れる。火を止めてレモン汁を落とし、すぐに①の器に注ぐ。

メモ 卵がフワッと浮いてきたらすぐに火を止めるのがこつ。（小林）

豆腐とチンゲンサイのスープ

栄養バランスのよい、具だくさんのスープです。
チンゲンサイの代わりに小松菜などの青菜でもOK。

材料〈4人前〉
豆腐（木綿）……………1丁
チンゲンサイ……………2株
干ししいたけ……………8枚
中国風スープの素（顆粒） ……………大さじ1⅓
●サラダ油

90 kcal

❶ 干ししいたけは水カップ3につけて戻し、軸を除いて2つに切る。戻し汁でスープの素を溶く。

❷ 豆腐は縦二つに切って端から5mm幅に切る。

❸ チンゲンサイは1枚ずつはがし、葉先と茎に分け、葉先はザク切り、茎は筋に沿って1cm幅に切る。

❹ なべにサラダ油小さじ2を熱し、①のしいたけとスープを加えて3分間ほど煮て②の豆腐を加え、一煮立ちしたら火を止める。

（真崎）

朝食に向く簡単汁物

トマト風味のスープ

果汁を加えるので、トマトジュースが飲みやすく、ビタミンCもアップ。のどごしのよい簡単スープです。

材料〈2人前〉
トマトジュース……カップ1
パイナップルジュース 〃 1
レモン汁…………大さじ1
レモンの薄切り(国産)…1枚

72 kcal

❶ トマトジュースとパイナップルジュースを合わせ、レモン汁を加えて混ぜ、冷やす。

❷ レモンの薄切りをいちょう切りにし、①を器に盛って浮かべる。

124

ヨーグルト風味のスープ

発酵食品のヨーグルトで腸の中を大掃除。
固形スープの素でコクをつけるのがポイント。

材料〈2人前〉	
プレーンヨーグルト	カップ1½
レモン汁	小さじ2
固形スープの素	½コ
トマト	¼コ
きゅうり	¼本
●塩	

98 kcal

❶ 固形スープの素はぬるま湯カップ2/3で溶かし、ヨーグルトとレモン汁を加えて混ぜ、冷やす。

❷ トマトは皮と種を除いて粗みじん切りにし、きゅうりは半月形の薄切りにして塩少々をふり、しんなりしたら水けを絞る。

❸ ①を器に盛り、②を浮かべる。

(以上／高城)

㉚ 手早くできる朝ご飯

肉類

- 鶏ささ身の梅あえ……12
- ハムとチーズのサラダ……26
- ソーセージと野菜のワイン蒸し煮……34
- ひき肉のトマト煮いため……54
- 鶏肉のみそだれ焼き……68
- 鶏肉のさんしょう風味焼き……69
- ソーセージとセロリのいためサラダ……70
- 牛肉のセロリ巻き……71
- 鶏レバーとこんにゃくの煮もの……102
- 牛肉のしぐれ煮……103
- 合いびき肉と豆のカレー煮……104
- 鶏ひき肉と昆布の実ざんしょう風味煮……105
- 鶏そぼろ……106

魚類

- 紅ざけのおろしあえ……5
- 干物のサワーゆで……8
- じゃことグリンピースの煮物……10
- 干物のおろしあえ……18
- 干物の酢じょうゆ焼き……50
- あさりのカレーいり煮……54
- かじきまぐろのマヨネーズ焼き……72
- さわらの焼きびたし……73
- 蒸し帆立て貝の甘辛いため……74
- かつおそぼろ……106
- さけのだし割りしょうゆ漬け……108
- かつおの角煮……109
- えびのカレーボイル……110

- 身欠きにしん煮……111
- たらこのふりかけ……114
- じゃこのふりかけ……115

野菜類

- 大根と油揚げのサッといため……4
- しらすおろし……12
- ピーマンとさつま揚げのめんつゆ煮……14
- ほうれんそうと卵のあえ物……16
- かぶの浅漬け……18
- なす、ピーマン、厚揚げのごまみそいため……20
- さやいんげんとにんじんのたらこいため……22
- ホットサラダ……25
- ゆでキャベツの和風ドレッシング……30
- キャベツのいため物……32
- トマトサラダ……36
- キャベツときゅうりの即席漬け……44
- そら豆のひすい煮……44
- トマトとオレンジのサラダ……48
- じゃがいもの白煮……51
- グリーンアスパラガスのおひたし……54
- 青菜のごま油いため……58
- にんじんサラダ 粒マスタード風味……60
- いんげんの揚げびたし……62
- キャベツとりんごの甘酢サラダ……64
- れんこんのきんぴら……64
- さやいんげんのじゃこあえ……64

- グリーンサラダ……66
- ふきと油揚げの当座煮……82
- 和風ラタトゥイユ……83
- まつたけのソテー……84
- 生しいたけのソテー……84
- えのきだけのソテー……84
- マッシュルームのソテー……84
- しめじのソテー……86
- さやいんげんとわかめのいため物……87
- 高菜漬けとわかめのいため物……88
- 温野菜サラダ……88
- 長芋サラダ……90
- トマトときゅうりの和風サラダ……91
- クレソンとアルファルファのサラダ……92
- コールスロー……93
- ミニトマトのからしみそあえ……95
- ゆでなすの酢みそあえ……96
- じゃがいもとさやいんげんの粒マスタードあえ……96
- にらのしょうがみそあえ……97
- ほうれんそうの納豆あえ……98
- セロリとしらすの香りあえ……99
- セロリのはちみつレモン漬け……100
- マッシュルームのマリネ……101
- しいたけそぼろ……106
- たけのこのつくだ煮風……113
- セロリの葉のふりかけ……116
- 切り干し大根の甘酢漬け……117
- 大根とにんじんの甘酢漬け……118
- キャベツのサラダ漬け……118

126

索引

豆・豆製品
セロリとたまねぎのカレー漬け‥‥118
長芋入り梅納豆‥‥81
厚揚げステーキ‥‥44
厚揚げのしょうが焼き‥‥23
納豆あえ‥‥18
厚揚げとさやえんどうのおかか煮‥‥16

卵
かまぼこ入り卵焼き‥‥4
スクランブルエッグ‥‥28
ゆで卵のマヨネーズサラダ‥‥30
ベーコンエッグ‥‥32
ソーセージ入りオムレツ‥‥39
納豆とひき肉のオムレツ‥‥51
じゃことトマトのオムレツ‥‥58
ハーブ入りオムレツ‥‥75
はちみつ入り卵焼き‥‥76
ポパイエッグ‥‥78
温泉卵‥‥79
豆腐入り卵焼き‥‥80

ご飯・めん・パン
麦ご飯‥‥8
即席明太ご飯‥‥14
たらことごまのおにぎり‥‥16

梅じゃこご飯‥‥20
実だくさんのクリーム雑炊‥‥20
チーズトースト‥‥26
そば粉クレープ‥‥28
パンのきんぴらサンド‥‥34
バターロールサンド‥‥36
ベーコンポテトサンド‥‥41
にんじんのきんぴらサンド‥‥41
ツナじゃがトースト‥‥42
つくだ煮ご飯‥‥45
ケイジャリー‥‥48
梅ご飯‥‥51
白がゆ（全がゆ）‥‥54
五目チャーハン‥‥56
アンチョビトースト‥‥58
パンプディング‥‥60
エスニックそうめん‥‥62
お好みうどん‥‥64
冷たいパスタ‥‥66

汁物
えのきだけとわかめのみそ汁‥‥4
かぼちゃと油揚げのみそ汁‥‥8
卵とレタスのみそ汁‥‥10
豆腐のみそ汁‥‥12
わかめと豆腐のごま汁‥‥14
しじみの赤だし‥‥16
たけのこのわかめのみそ汁‥‥18
豚しゃぶスープ‥‥20

即席のり吸い‥‥22
キャベツとベーコンのスープ‥‥28
カリフラワーのカレースープ‥‥42
じゃがいもとたまねぎのみそ汁‥‥45
しじみ汁‥‥50
豆腐スープ‥‥56
キャベツと油揚げのみそ汁‥‥120
もやしと揚げ玉のみそ汁‥‥121
豚肉とほうれんそうのみそ汁‥‥121
かぶと油揚げのみそ汁‥‥121
きゅうりと卵のスープ‥‥122
豆腐とチンゲンサイのスープ‥‥123
トマト風味のスープ‥‥124
ヨーグルト風味のスープ‥‥125

その他
にんじん入りアップルジュース‥‥30
ほうれんそう＋グレープフルーツジュース‥‥30
ピーマン＋トマトジュース‥‥31
セロリ＋パセリ＋オレンジジュース‥‥31
バナナとキウイのデザートサラダ‥‥34
フルーツヨーグルト‥‥36
コロッケマッシュ‥‥39
プルーンの紅茶漬け‥‥48
マシュマロココア‥‥48
ひじきの煮物‥‥112

●料理製作	足立通子	●料理撮影	青山紀子	●栄養計算	本城美智子
(五十音順・敬称略)	有元葉子		内田 保	●構成	オフィス新海
	井田和子		榎本 修	●表紙デザイン・レイアウト	
	上野万梨子		大井一範		笠原タカ子＋川合千尋
	大久保恵子		小川勝彦		（コラージュ）
	大原照子		尾田 学	●校正	中沢悦子
	栗原はるみ		川浦堅至	●編集	岡田ヒロ子
	桑原櫻子		黒部 徹		（オフィス新海）
	小林カツ代		佐伯義勝	●編集協力	岩上正子
	後藤加寿子		志民賢市		桑原順子
	清水信子		鈴木雅也		関 たつ子
	鈴木登紀子		南郷敏彦		芹田恵子
	高城順子		山本明義		森山るみ子
	田口成子				福本恵美＋竹田美緒
	檀 晴子				（スタイリング）
	程 一彦				放送出版プロダクション
	中村成子				
	西井 郁				
	藤野嘉子				
	堀江ひろ子				
	真崎敏子				
	松本忠子				
	本谷滋子				

NHKきょうの料理 新・ポケットシリーズ㉚

手早くできる朝ご飯

1994年11月16日 第1刷発行
1999年2月10日 第3刷発行
日本放送出版協会編
発行者 安藤龍男
発行所 日本放送出版協会
　　　　東京都渋谷区宇田川町41-1
　　　　郵便番号 150-8081
　　　　電話 (03)3780-3321(編集)　(03)3780-3339(営業)
　　　　振替 00110-1-49701
　印刷 大日本印刷株式会社
　製本 芙蓉紙工株式会社

●乱丁・落丁などありましたら、お取り替えいたします。
●定価はカバーに表示してあります。

ISBN4-14-033145-3　C2377